Cómo
Predicar
para un **Funeral**

Cómo
Predicar
para un **Funeral**

Stephen K. Preus

Versión en Español:
Cómo predicar para un funeral Por Stephen K. Preus
Traducido por Guillermo Harris Clatworthy
Diseño de interiores y portada por Camila Silva Bernal
© 2025 South Asia Lutheran Mission
Licencia CC BY 4.0
ISBN: 978-1-960840-39-4

A menos que se indique lo contrario, las citas de la Biblia en esta publicación son de la versión Reina Valera 1960.

Versión en inglés:
How to Preach for a Funeral By Stephen K. Preus.
© 2023 South Asia Lutheran Mission
Licenced under CC BY 4.0

SALM

SouthAsiaLutheranMission.com

Contenido

Introducción

DEBERÍAS ESFORZARTE POR SER CLARO en todas tus predicaciones. Cuando predicas ciertos tópicos de forma imprecisa, su ambigüedad puede convertirse en una invitación para que los receptores llenen el vacío con ideas no bíblicas que suplantan la verdad divina. Aunque algunas personas pueden malinterpretar lo que digas, por más claro que hables, de ti depende esforzarte en comunicarte con la mayor claridad posible.

Este libro de bolsillo tiene la intención de contribuir en esta sagrada tarea de hablar claramente, especialmente cuando predicas sermones fúnebres. Para este fin, consideraré ocho tópicos que he hallado importantes desde mi propia experiencia y por haber leído y escuchado a pastores como mi padre, Pr. Rolf Preus, Pr. David Petersen, Pr. Bryan Wolfmuller, y otros. Al predicar sobre estos ocho temas, los pastores pueden caer fácilmente en un patrón de imprecisión y distraer inadvertidamente a los oyentes de Cristo y de la esperanza que tenemos en Él. Esta lista está lejos de ser exhaustiva y ciertamente no es un bosquejo para un sermón, pero incluye temas pertinentes que los pastores harían bien en tener en cuenta mientras preparan sermones fúnebres. Al enfocarse en estos ocho temas, el objetivo es equipar mejor a los pastores para consolar, evangelizar y catequizar. Quienes asisten a un funeral suelen ser más vulnerables que el oyente promedio y, por lo tanto, también suelen estar más atentos y receptivos. Por ello, los predicadores deben aprovechar la oportunidad, articulando claramente las verdades de la Palabra de Dios.

Después de abordar los ocho temas que se presentan a continuación, he adjuntado ocho sermones de muestra que buscan demostrar la claridad a la que he aspirado a lo largo de mis años predicando en funerales. Por supuesto, todos tenemos un estilo de predicación de acuerdo con nuestra personalidad, y un libro como este no puede reproducir completamente el tono y tenor de los sermones. El contenido, sin embargo, está destinado a ser un ejemplo de cómo tratar fielmente estos ocho temas. Si los encuentras útiles, gracias sean dadas a Dios. Si los encuentras insuficientes, estoy siempre dispuesto a admitir un margen de mejora. Todos estos sermones fueron escritos antes de redactar este libro, y ruego que lo tengan en cuenta al leerlos y criticarlos. Estoy sumamente agradecido el enriquecimiento mutuo que me brindan mis hermanos en el ministerio, y recibo sus comentarios y preguntas, ya que juntos procuramos ser fieles proclamadores de la fe que fue una vez entregada a los santos.

Este libro se originó como una presentación para un taller llamado "Evitando la ambigüedad y las Abstracciones en las Predicaciones Fúnebres", la cual expuse en la Conferencia Bugenhagen en la Iglesia Luterana de St. John, Racine, WI, en julio del 2022.

1.
La Causa de la Muerte y la Necesidad de Predicar la Ley

¿Qué es la muerte según la gente
y qué es la muerte según Dios?

ES POSIBLE QUE HAYAS ESCUCHADO a tu profesor de teología práctica decir que no es necesario predicar la ley en un funeral, porque la ley es el cuerpo sin vida que yace delante de ti. Con todo el respeto que merecen los homiléticos que han enseñado esto con buena intención en el pasado, debo disentir. La idea se parece mucho a la frase incompleta atribuida a San Francisco: "Predica el evangelio en todo momento, y si es necesario, utiliza palabras". La ley no puede ser sólo el cuerpo sin vida, porque las personas interpretan el objeto de muchas maneras contrarias a las Escrituras.

¿Qué es la muerte según la gente? Para muchos, la muerte se entiende en términos esencialmente médicos. Morir para ellos es cuando los doctores ven la línea recta y saben que el corazón ha dejado de latir. Cuando les preguntas de qué murió tal o cual persona, sus respuestas son reveladoras. Bob murió de un ataque al corazón. Juanita murió de cáncer. Dolores sufrió un derrame cerebral. Dan alguna razón médica. Todo esto es correcto hasta cierto punto, pero la razón médica de la muerte no constituye la predicación de la ley. Y esta causa médica de muerte es comúnmente lo único que la gente deduce del cadáver.

Otras personas dirán que la muerte es natural para nosotros, al

1

igual que lo es para otros seres vivos. Piensan sólo en términos del círculo de la vida. Para ellos, el cuerpo sin vida en un ataúd enseña simplemente que nos adaptamos a un ciclo biológico. Esto ocurre incluso cuando escuchan la verdad bíblica de que el hombre regresa al polvo del que fue formado (Génesis 3:19). Sin pensar en la vida que conduce al Padre (Juan 14:6), las personas ven la muerte y ¡Piensan que es parte de la vida!

Además, como bien sabemos por la creciente preferencia por la cremación en lugar de entierro, hoy en día ni siquiera podemos estar seguros de un cuerpo en un ataúd. Entonces ¿no hay ley sin cuerpo? ¿o acaso las cenizas predican la ley de Dios con la misma eficacia? ¿Piensa la gente en la ley de Dios cuando decide poner los restos mortales de sus seres queridos en una urna? ¿Es así cómo lo interpretarían todos los demás presentes en el funeral?

Obviamente no. Así que, predica la muerte según Dios. Habla de la muerte como el castigo por el pecado. "El día que comáis de él, ciertamente moriréis", le dijo Dios a Adán antes de que comiera del fruto prohibido (Génesis 2:17). "El pecado entró en el mundo por un hombre, y por el pecado la muerte", confirma San Pablo (Romanos 5:12). "La paga del pecado es muerte", nos recuerda (Romanos 6:23). Y para relacionarlo concretamente con la ley, escribe: "el aguijón de la muerte es el pecado, y el poder del pecado, la ley" (1 Corintios 15:56). La victoria, nos dice, viene únicamente de Dios "por medio de nuestro Señor Jesucristo" (1 Corintios 15:57). Según enseña la ley, esta muerte temporal se produce porque por naturaleza estamos espiritualmente muertos en el pecado (Efesios 2:1). Sin fe en Cristo, esta muerte espiritual y temporal solo conducirá a la condenación y a la muerte segunda (Apocalipsis 21:8), una separación eterna de la gracia y misericordia de Dios.

Una advertencia sobre cómo expresas que el pecado causa la muerte: ten cuidado de distinguir entre el pecado original y los pecados reales. Muchas personas, cuando escuchan que el pecado causa la muerte, pensarán que estás diciendo que Dios castigó al difunto con la muerte, porque debió haber cometido algún pecado grave. Recuerdo a un feligrés, por ejemplo, que pensó que el pecado de una mujer que mintió sobre él, hizo que Dios la matara de inmediato debido a su único acto de engaño. Aunque ese pecado por sí solo ciertamente merecía la condenación de Dios, la verdad es que, incluso sin este pecado concreto, la mujer, como todos los demás, fue concebida y nacida en pecado (Salmo 51:5; cf. CA II). De este pecado original se derivan los pecados actuales de pensamiento, palabra y obra. Este es un punto que vale la pena tener en cuenta.

La ley, por tanto, no puede ser *sólo* el cuerpo sin vida. En la medida de lo posible, exprésate de tal manera que el oyente no pueda malinterpretar tus palabras. De lo contrario, tus oyentes podrían distraerse de Cristo, ya que los oyentes podrían no ver la necesidad de Su muerte vicaria en su lugar, por la cual Dios estaba "anulando el acta de los decretos que había contra nosotros, que nos era contraria, quitándola de en medio y clavándola en la cruz" (Colosenses 2:14).

2.
Amonestación Concerniente a Nuestra Propia Muerte

¿Es la muerte algo que únicamente les sucede a otros, o algo
para lo que deberíamos prepararnos nosotros mismos?

PARA MUCHAS PERSONAS, LA MUERTE de otra persona no es un recordatorio de su propia mortalidad. Es simplemente algo que les sucede a *otras* personas. Así como no miran el cuerpo inerte y dicen: "la paga del pecado es muerte", tampoco suelen decir ante el cadáver: "ese seré yo un día y mi esposa/hijos/amigos estarán mirando mi cuerpo sin vida".

En cambio, ¿qué *dicen* ellos? Escucharás cosas como "el director de la funeraria hizo un buen trabajo con él" o "ella se veía tan bien". Para mejor o peor, las casas funerarias adornan la muerte con embalsamamiento y maquillaje para disfrazar la descomposición del cuerpo. Distraen la atención de la suciedad y el agujero del suelo junto a la tumba con tapetes de césped artificial. O, como ocurre con la cremación, se deshacen del cuerpo por completo para que no quede el recuerdo físico de tamaño real de un envoltorio sin vida. Súmese a esto el hecho de que pocos se preocupan del fallecido, y al estar fuera de la vista, está fuera de la mente. Obviamente, ningún alma cuerda disfruta de la maldad de la muerte; eso sería morboso. Sin embargo, al distraerse de la muerte de tantas maneras, los corazones ni siquiera empiezan a contemplar sanamente su propia muerte, cuando ellos, un día, se encontrarán con su Hacedor.

Así que di a tus oyentes que se preparen para la muerte. El Señor dice: "pues polvo eres, y al polvo volverás" (Génesis 3:19). Moisés dice: "Enséñanos de tal modo a contar nuestros días, Que traigamos al corazón sabiduría" (Salmo 90:12). Los pastores oran antes de la entrada del cuerpo a la iglesia, "Haznos recordar que nosotros también somos mortales y prepáranos para morir en la fe".[1] Oramos en la Letanía para que nuestro buen Señor nos libre "de la muerte súbita y maligna".[2] Cuando pedimos a nuestro Padre en la Séptima Petición "líbranos del mal", le pedimos que nos conceda "un fin bienaventurado". Cantamos en nuestros himnos luteranos: "en mi última agonía, Señor me alentarás",[3] y "¿Quién sabe cuándo me alcanzará la muerte?"[4] Todo esto es para decir que nosotros debemos pensar en nuestra mortalidad, porque queremos morir arrepentidos, reconciliados con aquellos a quienes hemos agraviado, confiando en las misericordiosas promesas de Dios en Cristo y confiando nuestras almas en las manos de nuestro Padre. Demasiadas personas piensan que una muerte benigna es simplemente rápida e indolora, cuando deberían estar pensando en una muerte donde estén preparados en la fe para encontrarse con su Salvador.

Existe una antigua oración alemana que pone de relieve esta advertencia sobre nuestra propia muerte. Le pide a Dios que recuerde a la próxima persona que fallecerá entre los reunidos y le pide que esté preparada para ello. De igual forma, existe un epitafio encontrado en antiguas lápidas de nuestro país que dice:

> *Recuerda amigo, cuando pases junto a mí.*
> *Como eres ahora, alguna vez yo fui.*
> *Como soy ahora, así serás.*
> *Así que prepárate para la muerte y sígueme.*

---

[1] Lutheran Service Book: Agenda (St. Louis: Concordia Publishing House, 2006), p. 116; Acompañamiento Para el Cuidado Pastoral (St. Louis: Editorial Concordia, 2015), p. 123.

[2] Lutheran Service Book (St. Louis: Concordia Publishing House, 2006), p. 288, de ahora en mas LSB; Himnario Luterano (Santiago: Iglesia Luterana Confesional de Chile, 2021), p. 286, de ahora en mas, HL.

[3] LSB, 689; TLH 334; HL 688.

[4] TLH, 598.

Esta no es una idea morbosa, sino una verdad que vale la pena contemplar, para que podamos también experimentar una muerte bendecida, listos para encontrarnos con nuestro Creador, Redentor y Santificador.

Tus oyentes van a morir y ellos deben estar preparados para ello.

En la medida de lo posible, exprésate de tal manera que el oyente no pueda malinterpretar tus palabras. De lo contrario, tus oyentes podrían distraerse de Cristo, si no se le guía para que se aferren a Él, el único que libera de la muerte.

3.
La Necesidad de la Expiación por la Sangre de Cristo y la Justificación por la Fe Solamente

¿Es Nuestra teología "Sublime Gracia"
o "Por Gracia sola soy Salvo"?

RECIENTEMENTE ME REUNÍ CON UNA MUJER MIEMBRO de la congregación tras la muerte de su marido. Ella tenía muchos parientes Católicos Romanos y quería asegurarse de que escucharan el evangelio puro de Jesucristo. Quería especialmente que escucharan que no son salvos por sus obras sino únicamente por la gracia de Dios, mediante la fe sola en Cristo. También quería que el himno del sermón les expresara este evangelio. Esta rara ocasión fue una agradable sorpresa, si cabe decirlo así. Con mayor frecuencia se recibe la petición de cantar "Sublime Gracia", un himno que no expresa claramente el evangelio.

Por muy bueno (o malo) que "Sublime Gracia" pueda ser como himno, el punto es que resulta lo suficientemente vago como para ser cantado por cualquiera que crea en un dios misericordioso de algún tipo. Su presentación poco clara del evangelio, entonces, da lugar a muchas ambigüedades, ya que cada oyente puede insertar su propia definición de "gracia". ¿Es esta gracia el favor inmerecido de Dios (*favor Dei*) a través de Jesucristo, quien expió plenamente los pecados del mundo con su muerte sustitutoria en la cruz? ¿Es esta la gracia de Dios que nos imputa la justicia de Cristo y nos concede la fe en su obra consumada a nuestro favor por medio de la obra del Espíritu en su Palabra? ¿O es esta gracia infundida en nosotros (*gratia infusa*), que nos capacita para llevar una vida santificada y que contribuye, en parte o totalmente, a nuestra justificación delante de Dios? Un sermón que hace que el evangelio sea tan ambiguo como en "Sublime Gracia" podría entenderse fácilmente como esta última enseñanza o alguna otra idea incorrecta de la gracia salvadora de Dios.

La mujer miembro de mi iglesia, que quería un himno evangélico claro en el funeral de su esposo, terminó eligiendo "Por gracia sola yo soy salvo" para el himno del sermón. Esta es nuestra teología. Cántalo, y de tus labios brotará un himno que enseña con claridad que no somos salvos por nuestras obras ni por nuestra conducta. Más bien, enseña que la gracia de Dios trata de su gran amor por el cual envió a Su Hijo a redimirnos. Sólo la gracia hizo que el Hijo de Dios viniera a hacer esto. La gracia del Padre es su corazón abierto de par en par para los pecadores a través de Su Hijo Jesucristo, de modo que, aunque los cristianos conocen la condición de su propio corazón, también conocen por fe la voz de su Salvador, que les dice que han sido salvos por Su gracia solamente. Himnos como "Por gracia sola soy salvo" (*Himnario Luterano* 809), "Cantad cristianos, por doquier" (*Himnario Luterano* 803) y "Nos ha llegado salvación" (*Himnario Luterano* 803), enseñan claramente este evangelio puro. Tus sermones fúnebres también deberían hacerlo.

En particular, articular la gracia de Dios en la expiación de la sangre de Cristo y la justificación sólo por la fe. Ya conoces los pasajes. Piensa en cómo Jesús dice: "el Hijo del Hombre no vino para ser servido, sino para servir, y para dar su vida en rescate por muchos" (Mateo 20:28). Juan el Bautista clama: "He aquí el Cordero de Dios, que quita el pecado del mundo" (Juan 1:29). San Pablo dice: "estando ya justificados en su sangre" (Romanos 5:9) y Dios ha hecho "la paz mediante la sangre de su cruz" (Colosenses 1:20). Afirma que "siendo justificados gratuitamente por su gracia, mediante la redención que es en Cristo Jesús, a quien Dios puso como propiciación por medio de la fe en su sangre" (Romanos 3:24–25a). Todo esto quiere decir, "Al que no conoció pecado, por nosotros lo hizo pecado, para que nosotros fuésemos hechos justicia de Dios en él" (2 Corintios 5:21). El texto sobre el que prediques determinará las palabras adecuadas que usarás, sin embargo, puedes emplear estas u otras palabras bíblicas para dejar en claro que Jesús vivió activamente en nuestra tierra y cumplió la ley por nosotros (Gálatas 4:4-5). Deja claro que Cristo ofreció Su vida justa a Dios mientras cargaba con la culpa y el castigo de nuestro pecado mediante Su muerte sustituta (Gálatas 3:13; Hebreos 2:14). Que no haya duda de que somos declarados justos en Él solo por la fe, "sin las obras de la ley" (Romanos 3:28). Esta es la predicación correcta de la gracia de Dios en Cristo.

La expiación mediante la sangre de Cristo y la justificación por la fe sola, deben estar en el sermón. En la medida de lo posible, exprésate de tal manera que el oyente no pueda malinterpretar tus palabras. De lo contrario, tus oyentes podrían distraerse de Cristo si tienen una idea sinergista de la salvación, en lugar de entenderla como un don gratuito de Dios, recibido por la fe en la obra de nuestro Salvador en nuestro lugar.

4.

Los Beneficios y la Necesidad de los Medios de Gracia

¿El cielo es automático, o la fe debe ser engendrada y sostenida por la Palabra y los Sacramentos?

EL UNIVERSALISMO ES LA CREENCIA de que, en última instancia, *toda la humanidad* será salva. Lo más probable es que no oigas las personas en un funeral defender un universalismo descarado, pero es posible que escuches algo similar. En lugar de decir que toda la humanidad se salvará al final, es posible que escuches que *el ser querido fallecido* fue salvo, sin importar la fe (o la falta de ella) que tuviera, ni la vida que llevó. La gente piensa que Dios debe haber llevado a su ser querido al cielo porque aman a esa persona, y por lo tanto Dios también debe hacerlo. Ciertamente, Dios ama a todos en Cristo. Pero no todos reciben su amor en arrepentimiento y fe.

Algunos, es triste decirlo, nunca recibieron el amor de Dios en Cristo en absoluto y nunca fueron cristianos arrepentidos ni creyentes. El infierno, no el cielo, es su destino. El cielo no es automático. El infierno es real, y los impenitentes no creyentes van allí cuando mueren. No podemos desear que nuestros seres queridos vayan al cielo si ellos nunca conocieron el camino, la verdad y la vida.

Otros recibieron el amor de Dios en Cristo y fueron cristianos creyentes en un momento, sin embargo, dejaron de vivir la vida de bautizados, una vida de arrepentimiento y fe en Cristo, y volvieron a caer en las obras de las tinieblas. Nosotros rechazamos la falsa enseñanza de "una vez salvo, siempre salvo". También rechazamos la versión luterana: "una vez bautizado, siempre salvo". Un hombre puede perder su fe después del Bautismo, como escribe San Pedro:

Ciertamente, si habiéndose ellos escapado de las contaminaciones del mundo, por el conocimiento del Señor y salvador Jesucristo, enredándose otra vez en ellas son vencidos, su postrer estado viene a ser peor que el primero (2 Pedro 2:20; cf. Mateo 12:45).

San Pablo también nos dijo: "el que piensa estar firme, mire que no caiga" (1 Corintios 10:12). Es evidente que los creyentes *pueden* perder su fe si se niegan a arrepentirse y a prestar atención a la Palabra del Señor. A menos que estas personas se arrepientan antes de morir, terminarán en el infierno, no en el cielo.

Del mismo modo, con algo similar a una mentalidad universalista, muchas personas en los funerales simplemente asumen que sus seres queridos tenían "fe" y están en el cielo cuando mueren. Por supuesto que el cielo, para ellos, no es la visión beatífica ni el seno de Abraham ni nada bíblico. Más bien, para ellos el cielo es un lugar donde las personas hacen todo lo que disfrutaban aquí en la tierra sin ir a la iglesia: pescar, jugar al golf, y así sucesivamente. Al pensar así, menosprecian la fe, el cielo y a nuestro Señor.

Por lo tanto, predica claramente y sin titubear que la fe en Cristo y el cielo prometido en las Escrituras se obtienen por medio de la gracia, la Palabra y los Sacramentos de Cristo. "Así que la fe es por el oír, y el oír, por la Palabra de Dios" (Romanos 10:17). Jesús dijo: "Si vosotros permaneciereis en mi palabra, seréis verdaderamente mis discípulos" (Juan 8:31). "El que creyere y fuere bautizado, será salvo" (Marcos 16:16). "De cierto, de cierto te digo, que el que no naciere de agua y del Espíritu, no puede entrar en el reino de Dios" (Juan 3:5). "De cierto, de cierto os digo: Si no coméis la carne del Hijo del Hombre, y bebéis su sangre, no tenéis vida en vosotros" (Juan 6:53). Cristo es perfectamente claro. Somos hechos hijos de Dios en el Bautismo, y alimentados y sostenidos en la fe por la Palabra y la Cena del Señor. Así es como llegamos a creer en Jesús en primer lugar y como perseveramos hasta el final. Las personas aprenden esto a través de la fe. Y este Bautismo y fe se completan en la resurrección (Romanos 6:5).

Para enfatizar el mensaje sobre el Bautismo, también puedes dirigir la atención de los oyentes hacia el paño mortuorio y cómo simboliza la túnica de la justicia de Cristo que el bendito difunto recibió en el Bautismo, la cual cubrió todos sus pecados. Puedes hacer referencia al nombre de la Santa Trinidad y a la señal de la cruz que le fue puesta en su Bautismo, cuando se lo encomienda y que se realizará finalmente en la inhumación antes de que su cuerpo sea depositado en su lugar de descanso. Puedes mencionar la fe del bendito difunto en todas las promesas del Bautismo, y de cómo recibió los medios de gracia que lo sostuvieron en la fe verdadera para vida eterna. Puedes invitar a los oyentes a tener la misma fe.

También puedes usar abiertamente el sermón fúnebre como una oportunidad para invitar a los oyentes a venir a la iglesia. Si son de la zona, invítalos particularmente a la iglesia en la que sirves. Diles que estarías encantado de ayudarles a encontrar una iglesia fiel en su localidad. Sé audaz para que puedan encontrar consuelo en los medios de gracia y aliento cristiano en la comunión de los santos (cf. Hebreos 10:25).

Debes declarar los beneficios de los medios de gracia. El arrepentimiento y la fe en la Palabra de Jesús importan. En la medida de lo posible, exprésate de tal manera que el oyente no pueda malinterpretar tus palabras. De lo contrario, tus oyentes podrían distraerse de Cristo si piensan que todos a los que les tienen afecto van al cielo, haciendo que Jesús sea superfluo en lugar de ser el único camino hacia el Padre.

5.
"Habla Bien de Ellos"
(Pero No Tanto)

¿Es el sermón únicamente sobre Cristo,
o sobre la vida en Cristo del difunto?

NO BRINDES ELOGIOS FÚNEBRES. Entran en conflicto con el consuelo de Cristo que buscas impartir. Hay un momento y un lugar para hablar de los recuerdos, pero el funeral no es el lugar para detenerse en ellos. Hacerlo sería suplantar el propósito del funeral al mirar hacia atrás, solo a los recuerdos y a la vida que se vivió, en lugar de hacia adelante, a la vida que aún vive en el alma y que vivirá para siempre en cuerpo y alma en la resurrección. Muchas de las "celebraciones de vida" han cometido errores en este sentido.

Aun así, los sermones fúnebres no tienen por qué ser tan genéricos como para poder predicarlos en el funeral de cualquier cristiano. En el *Catecismo Menor*, Lutero nos recuerda que debemos "hablar bien" de nuestro prójimo. Éste también es un consejo sólido para los sermones fúnebres. No, no hacemos elogios fúnebres, pero existe la tentación de reaccionar exageradamente a los elogios fúnebres y no decir nada sobre el bienaventurado difunto. Esto es un error. Los funerales no se tratan solamente de Jesús, sino de Jesús y Su vida con este hijo de Dios.

Habla, por lo tanto, de la vida de Cristo a través de este individuo en particular. Recuerda agradecer a Dios por el bien que al difunto "se le permitió dar y recibir".[5] El difunto tiene un nombre al que Dios ha unido el Suyo en el Santo Bautismo. Entonces, ignorar su nombre es pasar por alto esta maravillosa verdad. Este cristiano como individuo fue traído al cuerpo de Cristo como uno de sus amados miembros. Es cierto: "Es necesario que él crezca, pero que yo mengüe", como dijo Juan el Bautista (Juan 3:30). Pero eso de ningún modo significa que el difunto bienaventurado desaparezca, más de lo que desapareció Juan.

Puedes y debes hablar del fruto de la fe en Cristo. Siendo cuidadoso de no dar la impresión de que este fruto salvó a alguien, puedes proclamar cómo Dios obró a través del bienaventurado difunto en la iglesia, en su familia, entre amigos, etc. Puedes hablar acerca de la confesión de pecados del difunto bienaventurado, su recepción de los medios de gracia, su confesión de fe y las buenas obras que surgieron de su fe en Cristo. La Escritura hace esto: "Bienaventurados de aquí en adelante los muertos que mueren en el Señor. Sí, dice el Espíritu, descansarán de sus trabajos, porque sus obras con ellos siguen" (Apocalipsis 14:13).

Algunos pastores mantienen un diario sobre miembros concretos a lo largo de su trayectoria en una congregación. Esto les ayuda a recordar el tiempo que pasaron con sus miembros, de modo que cuando uno de ellos fallece, pueden dar ejemplos específicos de la vida cristiana fiel que llevó. Aunque no seas tan organizado, puedes pensar en las visitas al lecho de muerte, si se aplica, u otras ocasiones en las que se haya profesado la confesión cristiana.

Algunos ejemplos de esto ayudarán. Un miembro estaba en sus últimos días y no podía hablar ni comer; aunque si podía mover la cabeza y los brazos. Cuando estaba terminando mi devocional, se llevó la mano a la boca. Su esposa dijo: "quiere la Santa Cena". Luego él asintió con la cabeza en señal de afirmación. Mencioné esto en mi sermón para su funeral. Otro ejemplo es el de una feligresa con Alzheimer que cantaba los himnos y la liturgia conmigo. Mencioné esto en mi sermón para su funeral (y tengo más miembros

---

[5] Lutheran Service Book: Agenda, 110.

con Alzheimer para quienes esto se aplicará en el futuro). Vale la pena mencionar un ejemplo más. Cuando la esposa de un miembro estaba en sus últimos días y yo la visitaba con más frecuencia, él se sorprendió por el Tercer Artículo del Credo. Mientras todos participábamos de la Santa Comunión, comentó lo reconfortante que era saber que su esposa estuviera recibiendo el perdón de los pecados por la fe que conduce a "la resurrección del cuerpo y a la vida eterna". Si tengo el privilegio de asistir al funeral de este miembro, incluiré esta fiel confesión en mi sermón. Estos tipos de momentos son joyas que demuestran el punto: puedes hablar bien de estos queridos cristianos al mismo tiempo que exaltas la obra de Cristo por ellos, sobre ellos y a través de ellos. Su fidelidad hasta el final fue mostrada en su afán por escuchar el evangelio y recibir el Cuerpo y la Sangre del Señor para su perdón, vida y salvación.

Sin hacer que todo gire en torno a ellos, habla bien de ellos. En la medida de lo posible, exprésate de tal manera que el oyente no pueda malinterpretar tus palabras. Por supuesto que no quieres distraerlos de Cristo, pero Cristo no vino solo en un sentido general. Vino por las personas, incluida aquella por cuyo funeral estás predicando.

6.
Permíteles Llorar pero Bríndales Esperanza

¿Debemos ser sólo felices, o se nos permite
llorar sobre la muerte como Jesús lo hizo?

UNA FELIGRESA MURIÓ, y su hijo me dijo que él estaba feliz por eso. Él dijo que ella estaba en el cielo, entonces ¿por qué debería estar triste? Era como si él creyera que llorar habría sido un signo de incredulidad. Esta idea es más común de lo que creía al principio. Un exmiembro de la congregación a la que sirvo, sin importar cuántas veces lo corrigiera, juzgaba con altivez a quienes lloraban en los funerales como si eso fuera señal de incredulidad. Luego están aquellos a quienes he oído decir a su familia en su lecho de muerte: "Voy a estar en un lugar mejor, así que estén felices". Si bien algunas personas tienen las mejores intenciones cuando dicen cosas así, no es lo que nos enseñan las Escrituras. No, no queremos la desesperación absoluta en el corazón de nadie. Se puede, sin embargo, llorar con fe.

Tomemos a Jesús como el principal ejemplo. "Jesús lloró" (Juan 11:35). Esto demostró que amaba a Lázaro. Dijeron "Mirad cómo le amaba" (Juan 11:36). Jesús lloró aun sabiendo que iba a resucitar a Lázaro de entre los muertos. Lloró porque sabía más que nadie que la muerte es nuestro enemigo. Que se suponía que nunca íbamos a morir. Que la muerte es el fin de un futuro temporal y la separación

16

de aquellos a quienes amamos en esta vida. El dolor prueba el amor. Por eso una esposa puede ponerse sensible cuando sus padres se van a su casa, lejos, después de una breve visita. Además, el dolor del cristiano fiel es una buena obra, porque Jesús lo hizo. Jesús era "varón de dolores, experimentado en quebranto" (Isaías 53:3), y lloró por las razones correctas.

Así que permite llorar a tus miembros. Permíteles lamentarse porque, aunque saben que "el postrer enemigo que será destruido es la muerte" (1 Corintios 15:26), aún trae dolor a sus corazones santificados. Nos alegramos de que nuestro ser querido creyente esté en el cielo, pero aun así se nos permite llorar la muerte como Jesús lo hizo.

Nuestras lágrimas, sin embargo, se mezclan con alegría. Dales también esperanza:

Tampoco queremos, hermanos, que ignoréis acerca de los que duermen, para que no os entristezcáis como los otros que no tienen esperanza. Porque si creemos que Jesús murió y resucitó, así también traerá Dios con Jesús a los que durmieron en él (1 Tesalonicenses 4:13-14).

Lutero usó estos versículos más que nadie para consolar a los cristianos en el momento de la muerte. Enseñó que, aunque sentimos dolor, este se mezcla con la esperanza que nos dan la muerte y resurrección de Jesús. Puedes hacer saber a los deudos que su ser amado está con Cristo y tiene la vida de su Señor resucitado. Para el cristiano, la muerte no es solo un enemigo, sino un enemigo derrotado. Ahora es una fuente de esperanza para los cristianos en cuanto a su propia resurrección, porque Cristo tiene "las llaves de la muerte" (Apocalipsis 1:18). Es por ello que nuestros himnos proclaman hermosas verdades como esta:

¡Jesús vive! Y ahora está la muerte
Pero la puerta de la vida inmortal;
Esto calmará mi tembloroso aliento
Cuando yo pase por su sombrío portal.

La fe clamará, a medida que fallen los sentidos:
¡Jesús es mi confianza! [6]

Cabe señalar que aquellos que están de luto inevitablemente intentarán conseguir deshacerse de su dolor de otra manera. Dirán que a otros les va peor que a ellos. Intentarán ahogar las lágrimas con momentos placenteros. Intentarán solucionarlo manteniéndose ocupados y siendo laboriosos. Pero esto no curará el dolor. La esperanza en Cristo es la única cura verdadera del dolor. Dales esa esperanza segura que sólo ofrecen la muerte y resurrección de Cristo, para que su fe esté firmemente cimentada.

Así que déjalos llorar, pero dales esperanza. En la medida de lo posible, exprésate de tal manera que el oyente no pueda malinterpretar tus palabras. De lo contrario, tus oyentes podrían distraerse de Cristo, porque no ven la muerte como un enemigo por el que valga la pena llorar y, por lo tanto, no anhelan la resurrección del cuerpo, que procede de las primicias de la propia resurrección de Cristo (1 Corintios 15:20).

---

[6] LSB 490, 5; TLH 201, 5; 497 HL.

7.
La Meta de la Resurrección del Cuerpo

¿Es el cielo lo suficientemente bueno o también
"esperas la resurrección de los muertos"?

PREDICA EL CIELO. El alma de los fieles difuntos está allí con Cristo. San Pablo escribió que "más quisiéramos estar ausentes del cuerpo, y presentes al Señor" (2 Corintios 5:8). También escribió:

Porque para mí el vivir es Cristo, y el morir es ganancia… Porque de ambas cosas estoy puesto en estrecho, teniendo deseo de partir y estar con Cristo, lo cual es muchísimo mejor; pero quedar en la carne es más necesario por causa de vosotros (Filipenses 1:21, 23-24).

Jesús también predicó la parábola del rico y Lázaro, donde los ángeles llevaron a Lázaro al seno de Abraham (Lucas 16:22). Así que, por supuesto, proclama el cielo como el estado intermedio del alma para aquellos que murieron con fe en Cristo. Cualquier Católico Romano presente en el funeral puede asumir que el purgatorio es el estado intermedio, donde las almas de los que murieron en la gracia y la amistad con Dios deben alcanzar la santidad o la purificación necesaria antes de poder llegar finalmente a los gozos de un cielo sin dolor. Debemos condenar esta forma de pensamiento sinergista, y afirmar que la alegría del cielo es inmediata para aquellos que mueren confiando en nuestro Señor Jesús y Su justicia para la salvación.

Además, demasiadas personas piensan erróneamente que el cielo previo a la resurrección es nuestro hogar permanente. Creen que lo único que nos espera después de la muerte es convertirnos en espíritus en el cielo. Esto da pie al mito popular de que nos convertimos en ángeles cuando morimos, y no solo "como" los ángeles, como dijo Jesús en realidad (Mateo 22:30). Mucha gente piensa que el cielo es el fin, y que nos convertimos en espíritus incorpóreos para siempre. Recuerdo a un compañero de seminario quien una vez predicó en clase que el cuerpo es solo una cáscara, lo que provocó que otro compañero de clase señalara el gnosticismo inherente en tal proclamación.

El cielo, sin embargo, no es el final. La muerte no es el fin de tu existencia corporal. La resurrección es la continuación de ella. Cristo murió y resucitó corporalmente a la vida. Con la cabeza vienen sus miembros: "Y Dios, que levantó al Señor, también a nosotros nos levantará con su poder" (1 Corintios 6:14). San Pablo escribió, "Y el postrer enemigo que será destruido es la muerte" (1 Corintios 15:26). San Juan escribió sobre las almas de aquellos que fueron mártires por la Palabra de Dios, preguntando, "¿Hasta cuándo, Señor, santo y verdadero, no juzgas y vengas nuestra sangre en los que moran en la tierra?" (Apocalipsis 6:10). San Pablo también escribió las palabras que incluyen lo que se dice junto a la tumba durante el entierro:

Mas nuestra ciudadanía está en los cielos, de donde también esperamos al salvador, al Señor Jesucristo; el cual transformará el cuerpo de la humillación nuestra, para que sea semejante al cuerpo de la gloria suya, por el poder con el cual puede también sujetar a sí mismo todas las cosas (Filipenses 3:20-21).

El cielo, por tanto, es ciertamente algo de lo que debemos hablar, ya que allí está nuestra ciudadanía, pero también esperamos el día en que nuestro Señor Jesús transforme estos cuerpos mortales y vista a sus santos en inmortalidad (cf. 1 Corintios 15:53–56). Como Job, sabemos que nuestro Redentor vive, y y que en el día final lo veremos de pie sobre esta tierra. Aunque nuestra piel sea deshecha, en nuestra carne hemos de ver a Dios (Job 19:25-27), y Él "Destruirá a la muerte para siempre" (Isaías 25:8).

Esta verdad es también un excelente punto de partida para conectar los medios de gracia en tu predicación. San Pablo escribió que somos bautizados en la muerte y resurrección de Cristo, y concluye: "Porque si fuimos plantados juntamente con él en la semejanza de su muerte, así también lo seremos en la de su resurrección" (Romanos 6:5). Jesús también prometió, "El que come mi carne y bebe mi sangre, tiene vida eterna; y yo le resucitaré en el día postrero" (Juan 6:54). Jesús también prometió, "Yo soy la resurrección y la vida; el que cree en mí, aunque esté muerto, vivirá y todo aquel que vive y cree en mí, no morirá eternamente" (Juan 11:25-26). Estos últimos versículos son un recordatorio de que, si bien todos resucitarán, sólo aquellos que confían en Jesús resucitarán a la vida eterna, un punto que conviene tener presente al predicar esta bendita verdad (cf. Juan 5:28-29).

La fe de la iglesia en la resurrección es también la razón por la que decimos: "Descanse en paz". Jesús les dice a sus discípulos: "Nuestro amigo Lázaro duerme; más voy para despertarle" (Juan 11:11), al igual que dice que la hija de Jairo está "durmiendo" antes de resucitarla (Mateo 9:24). Los muertos en Cristo están vivos en sus almas, pero duermen en sus cuerpos y esperan su despertar en la resurrección (cf. Daniel 12:2). Esta es una verdad reconfortante que hay que confesar, especialmente en la era de la cremación. Cuando acuesto a mis hijos y les deseo las buenas noches, ¡no procedo entonces a prenderles fuego! Ellos van a dormir, ¡y yo espero que despierten de nuevo! Exactamente de la misma manera nosotros esperamos que nuestro Señor despierte los cuerpos de "aquellos que duermen" en Él (1 Tesalonicenses 4:13). Así cantamos en el himno:

> *Enséñame a vivir para que pueda temer*
> *A la tumba tan pequeña como mi cama,*
> *Enséñame a morir para que así pueda*
> *Resucitar glorioso en el día grandioso.*[7]

---

[7] LSB 883, 3; TLH 558, 3; HL 771. Además de "sueño", vea todos los *mortis dulcia nomia* (dulces nombre de la muerte) en Francis Pieper, *Christian Dogmatics: Vol. 3* (St. Louis: Concordia Publishing House, 1968), 511.

Articula juntos el cielo y la resurrección. En la medida de lo posible, exprésate de tal manera que el oyente no pueda malinterpretar tus palabras. De lo contrario, tus oyentes podrían distraerse de la plenitud de la promesa de vida eterna de Cristo, porque no esperarían "la resurrección de los muertos y la vida del mundo venidero". La última estrofa del himno "Señor, te Amo con Todo mi Corazón", te ayudará a articular ambas verdades:

> *Señor, permite que en mi hora final tus ángeles vengan*
> *Al seno de Abraham llévame a casa*
> *Para que pueda morir sin miedo;*
> *Y en tu estrecha cámara guarda*
> *Mi cuerpo a salvo en un sueño tranquilo*
> *Hasta tu venida.*
> *Y luego de la muerte despiértame*
> *Que estos mis ojos, disfruten verte*
> *O Hijo de Dios, tu rostro glorioso*
> *Mi Salvador y mi fuente de gracia*
> *Señor Jesucristo, mi oración atiende, mi oración atiende,*
> *Y yo te alabaré eternamente.*[8]

---

[8] LSB 708, 3; TLH 429, 3.

8.
La Última Confesión
del Muerto en Cristo

¿El funeral es solo para los vivos,
o también para los muertos?

ESCUCHARÁS A LAS PERSONAS DECIR que el funeral es para los vivos y no para los muertos. Suena piadoso, como si sólo quisieran decir que su ser querido está en el cielo y por eso lo que realmente importa es consolar a los que están vivos. Sin embargo, a menudo hay algo más siniestro detrás de esa afirmación. A veces lo que realmente están diciendo es que el funeral no debe centrarse en Cristo y en la fe del difunto en Cristo, sino en *ellos,* los vivos. Lo que significa que son ellos quienes determinan lo que es importante en el funeral. Aprovechan el funeral como una ocasión para hacer cosas que les gustan: su música preferida, sus himnos o canciones favoritas, o los elogios fúnebres que se les ocurren, que casi siempre son frivolidades superficiales y carentes de Cristo, a menudo con un sentimentalismo excesivamente emotivo, o en ocasiones incluso herejías descaradas. ¡Eso dista mucho de ser una intención piadosa!

Los pastores también pueden quedar atrapados en la idea que el funeral es para los vivos. Lo hacen a menudo para justificar la predicación en los funerales de aquellos que no tienen ninguna conexión con su iglesia, ni con ninguna otra iglesia cristiana, de hecho.

"Es una oportunidad para compartir el evangelio con los que aún viven", podrían decir. "¿Cómo puedo dejar pasar eso? Después de todo, el funeral es para los vivos, no para los muertos". Así, omiten señalar que el difunto carecía de vida con Cristo en sus medios de gracia y se limitan a proclamar un evangelio genérico a los vivos. Por ello, conviene señalar, reciben honorarios y la alabanza de los hombres. Todo en nombre de que el funeral es para los vivos, no para los muertos.

El funeral no es sólo para los vivos. También es para que los muertos en Cristo proclamen la verdadera fe a aquellos que dejan atrás. Es para que el difunto bienaventurado confiese una última vez que fue un cristiano aquí en la tierra y sigue siéndolo en el cielo hasta la resurrección. Es para que pueda confesar cómo se aferra a la cruz y a la resurrección de Jesús. Que los medios de gracia fueron los instrumentos por los cuales el Espíritu Santo engendró y nutrió su fe en Cristo. Que está en el cielo a causa de esto y anhela la resurrección de la carne y la vida eterna en la nueva creación. Que confesó su fe y la vivió de diversas maneras en su vida terrenal. El funeral es para que los vivos escuchen la confesión de los muertos en Cristo, cuya alma vive con su Salvador en el cielo. El funeral no se celebra por los vivos. Se celebra por los muertos. Por lo tanto, predica lo que el difunto creyó y lo que quiere que los presentes crean.

Un ejemplo de esto es una abuela que me dijo antes de morir que ella oraba por sus nietos porque quería que fueran cristianos. Mencionar esto en el sermón fue una manera de hablar directamente a esos nietos en lugar de su abuela. Otro ejemplo es mencionando cómo el muerto en Cristo quería que su cuerpo fuera tratado con esmero, dándole la dignidad que exige su Bautismo y su resurrección. Los muertos en Cristo pueden definitivamente seguir confesando a través de su funeral.

Así que, en la medida de lo posible, exprésate de tal manera que el oyente no pueda malinterpretar tus palabras. Tus oyentes podrían distraerse de Cristo por un funeral centrado en los deseos de los vivos en lugar de la confesión cristiana del que murió en Cristo.

SERMÓN 1.
"Jesús Conoce a Shirley"

(Juan 10:27-30)

*Querida familia de Shirley, queridos amigos, queridos
hermanos y hermanas en Cristo:*

Gracia, misericordia y paz para ustedes de parte de
Dios nuestro Padre y Nuestro Señor Jesucristo. **Amén**.

TODOS CONOCEN A SHIRLEY a su propia manera. Pero
aquí en este servicio, no nos detendremos tanto en cómo
ustedes conocen a Shirley. No me malinterpreten, hay un tiempo y
un lugar para ello. Para las historias acerca de cómo trabajaba ardua-
mente en su hogar y en la granja. Para recordar cuánto disfrutaba
de la jardinería y cómo brindó una atención amorosa a cada uno
de sus hijos y nietos. Para los recuerdos felices, como cuando, una
Pascua, regaló a sus niños a Snap, Crackle y Pop (una historia que
escuché recientemente), tres corderitos para sus tres queridos hijos.
Recordar el pasado, sin duda, tiene su lugar, y ustedes lo han hecho
y lo seguirán haciendo como familia y amigos. Eso está bien. Agra-
decemos a Dios por el amor que ella brindó y recibió. Pero *ahora*,
en *este servicio,* no estamos aquí para hablar sobre todas las maneras
en que ustedes conocen a Shirley, sino de todas las formas en que
Jesús la conoce.

Jesús nos dice: "Mis ovejas oyen mi voz, y yo las *conozco*". Entonces, Jesús conoce a Shirley. ¿Pero cómo? Una cosa es conocer

a Shirley como una madre o abuela, o una amiga, o incluso, en mi caso, como una feligresa. Pero es algo enteramente diferente y *maravilloso* que *Jesús* la conozca. Así que enfoquemos nuestra atención en esa bendita realidad. En cómo *Jesús* conoce a Shirley mejor que todos nosotros.

Verán, Jesús conoció a Shirley antes que ella naciera. No sólo porque Él es el eterno Hijo de Dios que conoce todas las cosas antes que sucedan. Sino porque, antes de que el tiempo comenzara, Jesús la *eligió* para ser Su oveja. Llamamos a esto elección eterna. Es un misterio reconfortante que Dios nos ha revelado en la Biblia. Jesús eligió a Shirley; Él la conocía incluso antes de la creación, en el sentido de que la eligió para ser Su oveja. Lo que significa que nadie podría arrebatársela de Su mano. Que nadie podría arrebatarla de la mano del Padre. Que Él y Su Padre son uno en esencia y en voluntad, y la voluntad de Dios era salvar a Shirley eternamente.

Lo cual nos trae otra forma que Jesús *conoce* a Shirley. Él conoce sus pecados. Otra vez, no sólo porque Él es el eterno Hijo de Dios que conoce todas las cosas. Si, el conocía sus pecados de esta manera también. Él conoce el pecado *de todo el mundo* de esa manera. El pecado *original* que todos heredamos del primer pecador, Adán, que nos dejó sin temor, amor y confianza en Dios. Esos pecados *concretos* de pensamiento, palabra y obra. Jesús los conoce todos. Y Él sabe también que el precio de nuestro pecado es la muerte. Sabe que por eso murió Shirley: debido a su pecado. Él sabe que esta es la razón por la cual *ustedes* también morirán. Pero eso no es a lo que me refiero cuando digo que Jesús conoce sus pecados…

Más bien, Jesús conoce sus pecados porque *cargó con sus pecados en Su propio cuerpo y pagó por ellos*. ¡Así es como Jesús conoce los pecados de Shirley! Dios contó los pecados *de ella* contra Él en la cruz. Jesús, en amor, dio Su vida por Shirley como su buen pastor. Él murió por ella. Él dio Su perfecta vida en lugar de ella en la cruz, sufriendo su castigo por cada uno de sus pecados, enterrándolos en el sepulcro, y levantándose victorioso sobre el pecado, la muerte y el diablo, *por ella*. Así es como Jesús conoce los pecados de Shirley. Al no recordarlos más. Al perdonarlos. Al lavarlos con Su sangre.

Lo cual nos trae otra manera en la que Jesús *conoce* a Shirley: a través de su Palabra y sus Sacramentos. Jesús *obtuvo* su salvación en la cruz y en su resurrección de entre los muertos. Pero le dio la salvación a través de Su Palabra y Sacramentos.

La *bautizó* con agua y el Espíritu, dándole fe en Él y haciéndola tan pura ante sus ojos como un corderito de lana blanca.

Y a medida que Shirley crecía, Jesús le habló con Su Palabra consoladora, y ella lo escuchó como las ovejas escuchan a su pastor. "Mis ovejas oyen mi voz", dice Jesús. Así es *como Jesús conoció a Shirley* y cómo *Shirley conoció a Jesús*. Shirley escuchó la voz de Jesús en Su Palabra y Sacramentos y confió en Él. Ella lo siguió. Y esto la mantuvo a salvo del peligro del diablo, de este mundo, y de su propia carne pecaminosa.

Shirley asistió a la iglesia y fue miembro durante toda su vida aquí en Trinity, escuchando la voz de Jesús a lo largo de su vida. Yo mismo tuve el privilegio de conocerla durante diez años y recuerdo verla sentada justo allí, en ese banco, escuchando las Palabras de Jesús sobre el perdón, la vida y la salvación; viéndola acercarse a este altar para alimentarse del cuerpo y la sangre vivificantes de Jesús; visitándola en casa de Bill y Deb cuando no podía ir a la iglesia, pero la iglesia se acercó a ella para hacerle saber que seguía siendo parte del rebaño; y durante los últimos años, en el hogar luterano, también escuchó la voz de su buen pastor.

De hecho, la semana pasada, en su habitación, la escuché confesar sus pecados, tras lo cual oyó la voz de Jesús decirle: "Te perdono" por última vez. La semana pasada la escuché unirse con su frágil voz mientras rezábamos juntos "Padre nuestro que estás en los cielos". La semana pasada la vi mover sus brazos con alegría cuando le canté de su Salvador Jesús y la vida que Él ganó para ella. Sí, Shirley escuchó la voz de su buen pastor al oír y confiar en Sus promesas vivificantes hasta el día en que los ángeles llevaron su alma a Jesús en el cielo.

Y así, Jesús la *conoce* también de esa manera. Como Él dijo acerca de Sus ovejas: "Yo les doy vida eterna, y no perecerán jamás". Jesús *le dio* a Shirley la vida eterna tal como lo prometió. Sí, su cuerpo yace ahora sin vida aquí y será sepultado para descansar en paz. Pero su *alma* tiene la vida eterna que Jesús le prometió. Él ahora la conoce en el cielo. Él ha recogido a su oveja en Su pecho y Shirley descansa en Sus brazos, tal y como acabamos de cantar.

Pero incluso aquella hermosa realidad no es el final de cómo Jesús conoce a Shirley. Es más, cuando suene la trompeta y el Señor finalmente regrese, Él resucitará el cuerpo de Shirley y lo reunirá a su alma. En un instante, Él convertirá su cuerpo mortal en uno inmortal. Su cuerpo perecedero en uno imperecedero. No dejará que *ninguna parte de ella* perezca, sino que le dará la vida eterna en cuerpo y alma, en una nueva creación. Y entonces Jesús conocerá a Shirley para siempre en el paraíso, completando lo que Él planeó para ella antes de la fundación de este mundo.

Así es como Jesús conoce a Shirley. Y Él conoce a *todos los que oyen Su voz* de la misma forma. No todos terminarán en el cielo. No todos se regocijarán en la resurrección. Únicamente aquellos que escuchan la voz del buen pastor con fe, como Shirley, lo harán. Por lo tanto, escuchen Su voz con fe ustedes mismos. Regocíjense en cómo Él conoce sus pecados también. De nuevo, no sólo porque Él sabe todas las cosas, sino porque Él tomó todos sus pecados sobre sí mismo en la cruz, entregando su vida *por ustedes también*. Disfruten de Su Palabra y Sacramento, que otorgan perdón y vida, como lo hizo Shirley, yendo a una iglesia fiel y confiando en que son ovejas del buen pastor, como ella. Reciban la vida eterna que Él da como un regalo gratuito. Y no solo Jesús los conocerá como conoce a Shirley. No sólo conocerán a Jesús como Shirley lo conoce. Sino que también conocerán a Shirley para siempre. No sólo rememorando los buenos viejos tiempos que pasaron hace mucho. Sino regocijándonos eternamente en la resurrección con ella y Jesús, y con Ray y todos los creyentes, que nos han precedido y vendrán después de nosotros.

Por eso, por mucho que nos guste hablar de cómo ustedes conocen a Shirley, nos tomamos el tiempo para centrarnos en cómo Jesús la conoce. Porque, aunque Shirley ha dejado un recuerdo perdurable, Jesús ha dejado uno eterno. Así que, regocíjense con todas las ovejas del buen pastor, incluso mientras están de luto. Jesús conoce a sus ovejas, incluida Shirley. Nunca perecerán. Y nadie las arrebatará de Su mano.

En el nombre de Jesús, **Amén.**

SERMÓN 2.
"Conociendo al Señor en el Aire con Don"

(1 Tesalonicenses 4:13-18)

Querida familia de Don, especialmente a ti, Jocille, queridos amigos, queridos hermanos y hermanas en Cristo:

Gracia, misericordia y paz a ustedes de parte de Dios nuestro Padre y nuestro Señor Jesucristo. **Amén**.

NOS ENCONTRAREMOS CON EL SEÑOR EN EL AIRE. Esa es la promesa que las Escrituras brindan a todos los que confían en nuestro Señor Jesucristo. Cuando llegue el último día y el Señor mismo descienda del cielo "con voz de mando, con voz de arcángel, y con trompeta de Dios", todos aquellos que en esta vida se aferraron a Jesús por la fe recibirán "*...al Señor en el aire...*". Los muertos en Cristo resucitarán primero, incluyendo a Don, cuya alma está actualmente en el cielo, pero cuyo cuerpo pondremos a descansar en paz hoy hasta ese gran día. Y luego, inmediatamente después de que los muertos en Cristo resuciten, los que estén vivos hasta la venida del Señor, "seremos arrebatados juntamente con ellos en las nubes para recibir al Señor en el aire…". Esa es la segura promesa de Dios a todos los que se aferran a Cristo.

Y *encontrarse con el Señor en el aire* es especialmente apropiado para Don. Él pasó mucho tiempo en el aire como piloto de la Marina. Don también pasó mucho tiempo mirando hacia el aire como controlador de tránsito aéreo. Don disfrutó del aire fresco mientras trabajaba en el jardín y pescaba, mirando hacia arriba mientras cazaba faisanes, y en el pasatiempo de la granja, contemplando el aire mientras veía las manzanas colgando de los árboles. Y el alma de Don voló a través del aire en las alas de los ángeles el pasado sábado por la mañana, cuando el Señor envió a aquellos espíritus servidores a recoger el alma de Don para el cielo hasta la gran cosecha de nuestros cuerpos el día de la resurrección, cuando el cuerpo y el alma de Don serán reunidos, glorificados para siempre. Entonces, qué verdad tan apropiada para reflexionar cuando se trata de Don. Él *se encontrará con el Señor en el aire*.

Y también lo harán todos ustedes que viven en arrepentimiento y fe en Jesús. Así es como se llega al cielo y a la resurrección donde nosotros nos encontramos con el Señor en el aire: a través del arrepentimiento y la fe.

Don lo sabía muy bien. A pesar de que olvidó tantas cosas al final de su vida, el Señor le permitió a Don recordar esto. Le permitió a Don recordar que era un pecador. Un pecador que no podía ganar su camino al cielo por más buenas obras que hiciera. Un pecador que merecía la muerte como pago de su pecado, y también el infierno. Eso es lo que ustedes merecen, y lo que yo merezco también. Y sin el arrepentimiento y la fe en Jesús, eso es lo que cada uno de nosotros obtendría. Es lo que muchos obtienen por su negativa a arrepentirse y creer. Pero no es lo que Don obtuvo. No, Don se arrepintió de su pecado y confesó a Jesucristo como su Salvador. De nuevo, su alma voló a través del aire en las alas de los ángeles hasta el cielo la semana pasada.

Y lo sé porque tuve el privilegio de ministrar a Don al final de su vida. Cuando lo conocí por primera vez hace un par de años, él recordaba un poco más. Nunca olvidaré haberle dicho que su maestra de la escuela rural de un solo salón a la que asistió cuando era niño también era miembro de nuestra congregación, la señorita Miller —ahora la señora Belfield—, una anciana confinada en su casa que aún vive en Cedar Rapids. Ella me había contado una anécdota sobre Don cuando se enteró de que él y tú, Jocille, habían ingresado a nuestra congregación. Cómo un día un avión de combate sobrevoló la escuela y Don y los otros niños salieron a verlo pasar a toda velocidad por encima de sus cabezas *en el aire*. ¡Sin duda eso tuvo una pequeña influencia en su futuro! Eso fue hace ya un par de años, y en ese momento Don lo recordaba.

Pero tuve el privilegio de ministrar a Don no sólo cuando él recordaba las memorias del pasado. También tuve el privilegio de ministrar a Don cuando recordaba muy poco. Y hablaba muy poco. Pero lo que podía recordar era precioso. Y lo que sí recordaba es lo que lo salvó, y lo que hizo que fuera un privilegio ministrarle. Don recordaba a aquel que se acordó de él. Don recordaba a Jesús. Don confiaba en Él, que dijo: "Y yo, si fuere levantado de la tierra, a todos atraeré a mí mismo" (Juan 12:32). Jesús atrajo a Don hacia sí. Levantándolo en el aire en la cruz, al morir por los pecados de Don, Jesús atrajo a Don hacia sí mismo. Don conoció al Señor en el aire muchas veces al recordar cómo Jesús fue elevado en el aire en la cruz por él. Don no sólo se arrepintió de su pecado, sino que, además, confiaba firmemente en que Jesús tomó sobre Sí mismo toda su culpa en la cruz. Jesús pagó todo su castigo. Todo lo que se necesitaba para la salvación de Don, el Hijo de Dios hecho carne, lo logró para él. Completamente. "Consumado es", exclamó Jesús en el aire en la cruz. Y Dios el Padre añadió su "¡**Amén**! Tu salvación está consumada!" cuando Él resucitó a Su Hijo de entre los muertos en el aire fresco del jardín en la mañana de Pascua. Don creyó esto. Don lo recordó. Y si hay una cosa que vale la pena recordar, incluso si olvidaran todo lo demás, es esa preciosa verdad de la gracia de Dios en la cruz y la resurrección de Jesucristo, nuestro Salvador.

Ahora bien, es obvio que Don no estaba allí cuando crucificaron a nuestro Señor. Pero sabemos a lo que Jesús se refiere cuando dice que atrae a todas las personas, incluyendo a Don, a sí mismo. Quiere decir que les proclama su evangelio, las buenas noticias de lo que él ha hecho, para que ellos confíen en Él. Y Don escuchó ese evangelio, esa buena noticia de Jesucristo y *Don confió en* Él. Don estuvo allí mientras yo le proclamaba la cruz de Cristo estos últimos dos años en el hogar luterano. Don estuvo allí cuando le recordé que él fue bautizado en la muerte y resurrección de Jesús, y que todo aquel que crea y sea bautizado será salvo. Don estuvo allí cuando pronuncié la absolución que libera a los pecadores de su esclavitud al pecado. Don estuvo allí mientras yo le distribuía el Cuerpo y la Sangre de su Salvador, Jesús, que le concedió el perdón y la paz con Dios y un anticipo de la fiesta que está por venir.

Y Don no solo estaba allí, sino que recibió todo esto en la fe, confiando en que él, un pecador, fue salvado enteramente por la sola gracia de Dios en Cristo Jesús, su Salvador. Y Don recibió esto no solo de mí estos últimos dos años, sino de otros ministros fieles de la Palabra y a lo largo de su vida adulta. Don confiaba en el evangelio de Jesucristo, que recibía regularmente. Y esta fe sola lo salvó. Esta sola fe exclusiva en Cristo es la razón por la que Don no sólo habita ahora con su alma en el cielo, sino que también *se encontrará con el Señor en el aire con su cuerpo* glorificado en el día de la resurrección.

Y pido lo mismo por todos y cada uno de ustedes. Mediante el arrepentimiento y la fe en Jesucristo es como ustedes también llegarán al cielo y a ese glorioso día en nos *encontraremos con el Señor en el aire*. Don lo sabía muy bien. Sépanlo ustedes mismos. No hay nada más liberador que confesar tus pecados y ser atraído a Jesús, elevándote en el aire sobre la cruz. Contemplarlo a Él muriendo por cada uno de tus pecados. Verlo a Él tomando tu muerte sobre sí mismo. Verlo sufrir el infierno y ser abandonado por Dios para que Dios nunca te abandone a ti. Nunca. No, Él te ama cariñosamente. A todos y cada uno de ustedes. ¿Cómo no podría hacerlo? ¡Él entregó a Su único Hijo a la muerte por tus pecados! Esto es lo que Don creía mientras recibía el evangelio de Jesucristo hasta el día de su muerte. Y le salvó. Continúen escuchando el mismo evangelio y créanlo ustedes mismos. Y los salvará a ustedes también.

Y también los ayudará mientras lloran la muerte de Don. Nosotros, los cristianos, no nos afligimos como los demás que no tienen esperanza. Nos afligimos, sí, al compartir recuerdos de Don; lloramos, lo extrañamos, deseamos que estuviera aquí. Como deberíamos; Jesús también lloró. Nuestra tristeza es evidencia de que amamos a Don. Pero también tenemos esperanza. Esperanza certera. Porque, así como Jesús murió y resucitó, así también traerá consigo a los que se han dormido, incluso a Don. Jesús es la resurrección y la vida, tal como Él lo dijo. Por lo tanto, mantengan a Jesús levantado en el aire sobre la cruz ante ustedes. Mantengan a Jesús levantado de su tumba al aire fresco del jardín en vuestros corazones. Y el Señor está con ustedes. Y Él los guiará hasta el día en que todos nos encontremos *con el Señor en el aire* con Don. De modo que estaremos para siempre con el Señor.

En el nombre de Jesús. **Amén.**

SERMÓN 3.
"Kenneth Creyó Esto"

(Juan 11:17-27)

¡Aleluya Cristo ha resucitado!
¡Ha resucitado, en verdad! ¡Aleluya!

*Querida familia de Kenneth, especialmente a ti Rosemaree,
queridos amigos y familia de Dios:*

"¿CREES ESTO?" Jesús le hizo esta pregunta esencial a Marta
después de decirle: "Yo soy la resurrección y la vida; el que
cree en mí, aunque esté muerto, vivirá. Y todo aquel que vive y cree
en mí, no morirá eternamente". El contexto es importante. El hermano de Marta, Lázaro, acababa de morir. Era un hombre joven,
cuya vida fue arrebatada en la flor de la edad. Era un querido amigo
de Jesús, al igual que sus dos hermanas, María y Marta. Y Jesús le
hizo a Marta esta pregunta esencial: "¿Crees esto?" en relación con
si ella creía que Él tenía poder sobre la misma muerte.

"¿Crees esto?" Kenneth sí. Solía hacer esta misma pregunta a
él y a ti, Rosemaree, después de recitarles a ambos la Confesión de
pecado durante mis visitas mensuales a su casa. Tu y Kenneth res-
pondían "Sí", y recibían la absolución, el perdón de los pecados que
Jesús compró con su muerte en la cruz y garantiza la vida eterna a
quienes confían en Él. Sí, Kenneth era —y sigue siendo— cristiano.
Lo cual significa que mientras estuvo en la tierra creyó que era un
pecador. Que merecía la paga de la muerte por su pecado. Que él

debía confesar ese pecado. Y al confesarlo, halló gran consuelo en el perdón pleno y gratuito que Jesús le concedió, dándole la vida eterna. Escuché de la propia boca de Kenneth, más veces de las que puedo contar, que él creía esto.

"¿Crees esto?" Kenneth sí. No tengo ninguna duda al respecto. Incluso durante la pandemia, hasta hace sólo un par de meses, Kenneth venía a la iglesia los domingos por la mañana. No sólo me hacía ir mensualmente a verte, Rosemaree, sino que también se aseguraba de estar aquí en la iglesia cada semana. Había prometido que lo haría cuando se confirmó. Y era un hombre honesto e íntegro. Consideraba preciosa la confesión de la verdad de Jesucristo. Si vieron su cuerpo, ayer, habrán visto su Catecismo Menor a su lado. El Catecismo Menor es una explicación sencilla del cristianismo que usamos en la Iglesia Luterana como manual y libro de oraciones de la fe cristiana. Kenneth creía esto también, y lo demostró con su vida.

"¿Crees esto? Kenneth sí. El otro libro que quizás hayan visto justo encima del cuerpo de Kenneth era el Himnario Luterano. Cuando Kenneth estaba aprendiendo el Catecismo Menor de niño, su pastor cantaba con él y todos los demás en su clase de confirmación. Kenneth y yo solíamos hablar de esos buenos viejos tiempos a menudo. A él y a mí nos encanta cantar. Y voy a extrañar cantar la Doxología con él *aquí abajo*, aunque sé que él está cantando alabanzas *arriba* con todas las huestes celestiales al Padre, al Hijo y al Espíritu Santo, tal como lo hicimos aquí en la tierra. La Iglesia Luterana ha sido conocida durante mucho tiempo como la "iglesia que canta" porque nuestros servicios involucran mucho de ello. Creemos que cantamos la fe, confesando lo que creemos en cantos. Kenneth creía esto también.

"¿Crees esto?" Kenneth sí. Él creía en la Palabra de Dios. Él creía cada palabra. Era cristiano —y lo sigue siendo—. El cuerpo de Kenneth simplemente está durmiendo al igual que el cuerpo de Lázaro. Pero su alma vive en el cielo. Kenneth se regocija con los ángeles. Después de una larga vida —noventa y cuatro años y medio— Jesús finalmente envió a sus ángeles para llevar a Kenneth a su presencia más cercana. Con todos los que creyeron en Jesús en el pasado, incluido su hijo Ricky, que como Lázaro perdió la vida demasiado pronto, como Lázaro tiene dos hermanas aquí, y que, como Lázaro, dependía de Jesús para su vida y resurrección. Kenneth creía que volvería a ver a Ricky gracias a esta promesa de Jesús. Sí, Kenneth creía en esta Palabra de Dios y ahora ve su hijo, y al Hijo eterno del Padre en el cielo, y espera el gran día de la resurrección. Sí, Kenneth lo creyó y por eso será bendecido para siempre.

"¿Crees esto?" Marta sí. Su respuesta a Jesús es tan hermosa: "Si Señor yo creo que tú eres el Cristo, el hijo de Dios, el que debía venir al mundo". Ella confió en que Jesús es el Hijo de Dios hecho carne que vino al mundo para salvarla a ella y a todo el mundo. Y Él lo hizo. Murió por el mundo. Pagó el castigo por la culpa de nuestro pecado, de cada uno de nosotros. Y todos los que se arrepienten de su pecado y creen en Él, se benefician de lo que Él ha hecho, y procuran permanecer en Su Palabra hasta el fin. Pero Jesús no solo preguntaba a Marta a cerca de su fe en esto. Más particularmente, Él le estaba preguntando si ella creía que Él podría resucitar a su hermano Lázaro de entre los muertos. Y ella respondió: "Sí, Señor". ¡Y entonces Jesús lo hizo! Esa parte no la leí, pero el Evangelio de San Juan continúa y nos dice que Jesús fue al sepulcro y dijo: "¡Lázaro, sal fuera!" Y Lázaro salió vivo del sepulcro para reunirse con sus dos hermanas y con todos los que lo amaban aquí en la tierra.

¿Crees esto? Quizás podrías decir: "Bueno, yo lo creo, pero yo quiero que Jesús haga eso por mí también". Sin duda, Kenneth y tú, Rosemaree, quisieron eso con respecto a Ricky. Para recibirlo de nuevo en esta vida. Y no hay duda de que nos gustaría tener a Kenneth de regreso en esta vida también. Su familia sabe mejor que nadie lo maravilloso que era y cuánto se lo extrañará. Era amable. Era atento. Era gracioso. Era un hombre de carácter. Era un esposo fiel y amoroso. Un padre amable y atento. Un abuelo que cualquiera desearía tener. A mí y a mi familia nos mostró mucho amor y atención, y solo puedo imaginar cuánto más les dio a sus propios familiares. Me hacía bromas por tener cualquier cosa que no fuera un Ford, especialmente cuando mi Chevy se descompuso afuera de su apartamento –gracias de nuevo Lee por ayudarme a arrancarlo.

Siempre tenía una anécdota sobre la pesca o sobre el juego de cartas, sobre su clase de confirmación o sobre la forma en que trataban a los alemanes durante las Guerras Mundiales y cómo Williams fue originalmente Wilhelm hasta esos días difíciles. Sí, y si yo voy a extrañar a kenneth, y lo extrañaré mucho, solo puedo imaginar cuánto más lo extrañarán su familia y amigos, y, a veces, desearán que estuviera de vuelta aquí con nosotros, resucitado como Lázaro.

Pero ahí el asunto: algún día lo estará. Ese es el punto, el objetivo de la religión cristiana. Creemos en la resurrección del cuerpo y en la vida eterna. Creemos que Jesús es la resurrección y la vida. Creemos que Él es el Hijo de Dios que vino al mundo para salvar a los pecadores. Creemos que Él cumplió la ley de Dios por nosotros, que murió por nuestros pecados y resucitó triunfante, de modo que tenemos la victoria sobre el pecado, la muerte y el diablo en Él. Creemos que todos los que son bautizados en la muerte y resurrección de Cristo, y confían en Él, son justos a los ojos de Dios y realmente son salvos para siempre. Yo lo creo. Kenneth lo creyó. ¿Tú crees esto?

Créelo y verás a Kenneth de nuevo. Créelo y lo verás con Ricky, con Lázaro y Marta y su hermana María. Créelo, y con todos los que creyeron en Jesús en el pasado, quienes creen en Él en el presente, y quienes creerán en Él en el futuro, experimentarás un día la resurrección a la vida eterna. No todos lo harán. Algunos serán resucitados para condenación eterna. Pero Jesús no quiere eso para ti. Es por eso que murió por ti. Es por eso que ofrece en Su iglesia el perdón de los pecados y la promesa de la vida eterna, y por eso Kenneth encontró tanto consuelo en la iglesia cristiana y la comunión de los santos. Kenneth creyó que Jesús hizo todo esto por él. Y Él también lo hizo por ti. ¿Así que, crees esto? Créelo y tendrás no solo días con Kenneth que podrás recordar con cariño; tendrás días futuros con él que podrás mirar con esperanza. Cree con Marta, con Kenneth, con toda la iglesia cristiana, que la Pascua es real. Que Cristo ha resucitado. Que Su vida da vida a Kenneth y a todos nosotros. Di con Marta, "Sí, Señor, creo que tienes poder sobre la misma muerte", y tus lágrimas estarán mezcladas con la alegría de que verás a Kenneth nuevamente resucitado en gloria con todos los que confían en nuestro salvador viviente, Jesucristo.

¡Aleluya! ¡Cristo ha resucitado!
¡Cristo ha resucitado en verdad! ¡Aleluya!

SERMÓN 4.
"El Poder del Señor se Perfecciona en la Debilidad de Nathan"

(2 Corintios 12:7-10)

Querida familia de Nathan, especialmente ustedes Ashley, Lily y Noah, queridos amigos, queridos hermanos y hermanas en Cristo:

Gracia, misericordia, y paz a vosotros de parte de Dios nuestro Padre y nuestro Señor Jesucristo. **Amén.**

NATHAN SE JACTABA EN SU DEBILIDAD como lo hacía San Pablo. Diagnosticado antes de su adolescencia con síndrome de Loeys-Dietz, Nathan sabía que el poder del Señor se perfecciona en la debilidad. En palabras de Nathan "Si el hecho de que yo tenga el síndrome de Loeys-Dietz lleva a las personas a Cristo, entonces estoy feliz de ser usado de esta forma". La debilidad de Nathan atrajo a personas para hablar con él acerca de su síndrome, brindándole así muchas oportunidades para dar razón de la esperanza que había en él: a saber, la gracia de Dios en Jesucristo, su Salvador. Así que Nathan se jactaba de su debilidad.

Y ahora que Nathan ha muerto a causa de este síndrome, siendo la muerte la debilidad suprema, *Nathan todavía puede jactarse incluso en la debilidad de la muerte.* No solo porque el alma de Nathan vive en el cielo y su cuerpo será resucitado en gloria, algo de lo que hablaremos en un momento. Sino también porque la muerte de Nathan los ha traído a todos aquí. Y así, me da la oportunidad de hablarles a todos ustedes en nombre de Nathan acerca de la esperanza que él tenía en Jesús. Para que ustedes también tengan la misma esperanza en nuestro Redentor. Para que ustedes también se jacten en sus debilidades, creyendo con Nathan que la gracia de Nuestro Dios es suficiente para ustedes, porque su poder se perfecciona en la debilidad.

La esperanza de Nathan en Jesús comenzó con el conocimiento de su principal debilidad. Nathan creía que era un pecador. Todas las personas lo son. Pero Nathan verdaderamente lo creía. Él sabía que el pecado es una condición tan real como Loeys-Dietz, y aún más mortal. El pecado es la razón por la que la muerte ha venido a este mundo y por la que todos mueren, cualesquiera que sean las causas secundarias. La paga del pecado es la muerte. Pero la dádiva de Dios es vida eterna en Cristo Jesús nuestro Señor (Romanos 6:23). Y ¡Nathan creía en esto aún más! Creyó lo que las Escrituras dicen acerca de él y Jesús: "Porque Cristo, cuando aún éramos débiles, a su tiempo murió por los impíos" (Romanos 5:6). Por lo tanto, Nathan se jactaba de esta debilidad. No es que se jactara de su pecado. No, Nathan se arrepintió de eso. Como su pastor, lo escuché confesar su pecado más veces de las que puedo contar, incluso a través de llamadas de Zoom estos últimos dos meses. No, Nathan se jactaba de su débil condición de pecador, *porque creyó que Jesús vino por los pecadores.*

Esta fue la esperanza de Nathan y *lo que Nathan quiso que todos ustedes crean también.* Jesús vino por ustedes. Porque ustedes también son débiles pecadores que necesitan un Salvador. Y Jesucristo también es tu Salvador. En su gracia, en su amor inmerecido, Dios te vio en tu condición perdida, en tu pecado, y eligió salvarte. Envió a Su Hijo a la tierra para hacerse hombre, aunque sin pecado. Para vivir una vida perfecta en tu beneficio bajo la ley de Dios. Y en la debilidad de la cruz, Dios condenó todos tus pecados en Su Hijo, Jesús. En la debilidad de la cruz, Dios aceptó la vida perfecta de Jesús como un sustituto de los pecadores. Su poder fue perfeccionado en la debilidad cuando Él murió en esa cruz para salvarte. Y manifestó ese poder tres días después, cuando se levantó de la tumba como vencedor sobre el pecado, la muerte y el infierno, por Nathan, por ti y por todos los pecadores del mundo. Jesús ahora te ofrece su victoria de forma gratuita, el perdón de los pecados y el regalo de la vida eterna.

Nathan desearía que ustedes escuchen hoy este evangelio, esta buena nueva de Jesucristo, porque es poder de Dios para salvación a todo aquel que cree (Romanos 1:16). Nathan lo creyó. Sé que lo hizo porque lo escuché confesar a Cristo como su salvador, de nuevo, más veces de las que puedo contar, trayendo su esposa e hijos a la iglesia fielmente para que ellos también conocieran a Cristo y su amor. Y más recientemente, Nathan confesó a Cristo desde su cama de hospital en Boston, como Ashley puede atestiguar, manifestando su fe en Jesús al mover la boca mientras cantábamos "Alabado sea Dios, de quien fluyen todas las bendiciones". Y al llevarse los dedos a la boca pidiendo la Cena del Señor, el pan de vida que lo fortaleció y preservó tantos años hasta la vida eterna. Sí, Nathan creyó en estas buenas nuevas de Jesucristo a lo largo de su vida y hasta el final. Y *a Nathan le gustaría que ustedes lo creyeran.* Jesús dice: "Yo soy el camino, y la verdad, y la vida; nadie viene al Padre, sino por mí" (Juan 14:6). Sin fe en esto, no puedes beneficiarte de ello. ¡Pero con fe, lo haces! Así que, confía en que Jesús vino por ti también. Mira a Su cruz como lo hizo Nathan y no permitas que tu corazón se turbe. Cree en Dios; cree también en Jesús, tu salvador quien murió por ti. Jáctate en tu debilidad como Nathan.

Entonces, esa es la primera razón por la que Nathan puede jactarse incluso en la debilidad de su muerte: provee la oportunidad para todos ustedes de escuchar la buena nueva de Jesucristo hoy. ¡Y qué pensamiento tan extraordinario es ese! ¡Nathan aún está confesando el evangelio de Jesucristo, incluso en su propio funeral!

Luego está la otra razón por la que Nathan puede jactarse incluso en la debilidad de su muerte. La razón que dice por qué el evangelio de Jesús le dio esta esperanza. Y por qué te da una esperanza segura a *ti y a todos los que creen.* Y es esta verdad: *Jesús ha dado a Nathan vida eterna, tal como él prometió.* Ahora mismo el alma de Nathan está en el paraíso con Jesús. Y aún más, porque Jesús vive, porque nuestro Redentor ha resucitado de entre los muertos, también Nathan vivirá en su cuerpo. Ese cuerpo suyo que está sembrado en debilidad, colocado en la tierra como un cuerpo corruptible, se levantará en poder, como un cuerpo imperecedero (1 Corintios 15:42–43). Así que Nathan, incluso mientras hablo, está jactándose en el cielo de la debilidad de su muerte, sabiendo muy bien que el poder de nuestro Señor se perfecciona en la debilidad, y su cuerpo resucitará otra vez para estar con todos ustedes que confían en nuestro Señor Jesucristo.

Nathan había practicado esta actitud desafiante frente a la muerte aquí en la tierra. Aquel himno que cantábamos justo antes del sermón fue su práctica. Escuchen otra vez lo que Nathan cantó muchas veces con ustedes, Ashley, Lily y Noah, y con nuestra congregación aquí en Trinity. Imaginen a Nathan sonriendo y diciendo:

Muerte, tú no puedes acabar con mi alegría:

> *¡Soy bautizado en Cristo!*
> *Cuando muera, yo dejo toda la tristeza*
> *¡Para heredar el paraíso!*
> *Aunque me acuesto en polvo y cenizas*
> *La seguridad de la fe brilla intensamente:*
> *El Bautismo tiene la fuerza divina.*
> *Para hacer mía la vida inmortal.*
> *No hay nada que valga la pena comparar*
> *¡A este consuelo de por vida seguro!*
> *Con los ojos abiertos mi tumba está mirando fijamente;*
> *Incluso allí dormiré seguro.*
> *Aunque mi carne espera su resurrección,*
> *Aún mi alma sigue alabando:*
> *Soy bautizado en Cristo;*
> *¡Soy un niño del paraíso!*

Sí, Nathan puede mirar a la muerte a los ojos como un cristiano bautizado, y decir como Job:

Yo sé que mi Redentor vive,
Y al fin se levantará sobre el polvo;
Y después de deshecha esta mi piel,
En mi carne he de ver a Dios;
Al cual veré por mí mismo,
Y mis ojos lo verán, y no otro.

Nathan puede jactarse de la debilidad de su muerte porque Jesús es fiel a sus promesas. Nathan puede decir a la debilidad de la muerte: "El poder de mi Señor se perfecciona en la debilidad. Lo vi toda mi vida. Y ahora lo veo en mi muerte, también". Nathan puede decir: "La muerte no puede separarme de mi Dios, de Ashley, de Lily, de Noah, de mis padres, de mis hermanas, de mis amigos, o cualquiera que confíe en Jesucristo, ¡que ha vencido a la muerte para todos nosotros!".

Pueden ver, entonces, cómo la debilidad de Nathan era en realidad su fortaleza. Y así es para ustedes. Hoy derraman lágrimas. Lloran porque extrañan a un hombre cristiano que, en su corta vida, los llenó de abundante amor. Ashley, derramas lágrimas porque Nathan fue un esposo muy generoso y semejante a Cristo para ti y lo extrañaras profundamente. Lily y Noah, ustedes derraman lagrimas porque su papi los amó como su Padre Celestial lo hizo y extrañarán su bondad hacia ustedes. Kevin y Deb, lloran porque saben que la vida de su hijo irradiaba el amor del Hijo de Dios, que brotaba de su fe en aquel que lo amaba y se entregó por él. Yo lloro porque lo extrañaré por el apoyo que fue para mí. Ustedes, esposa de Nathan, sus niños, sus padres, sus hermanos, sus suegros, sus amigos, sus seres queridos a quienes amaba porque Dios lo amó primero, sus lágrimas quizás luzcan como debilidad. Pero consideren cómo también su Señor lloró, y aún así dijo:

"Yo soy la resurrección y la vida; el que cree en mí, aunque esté muerto, vivirá. Y todo aquel que vive y cree en mí, no morirá eternamente. ¿Crees esto?" (Juan 11:25-26).

Esto significa que Jesús no solo simpatiza con ustedes y con todos los que creen en Él, *sino que promete que Él un día enjugará todas las lágrimas de sus rostros.* Él los resucitará *a ustedes también* de su debilidad. Así que, pueden jactarse como Nathan. Porque Jesús nos llevará a la casa de su Padre, donde Él tiene preparado un lugar para ustedes con Nathan. Y lo verán otra vez. Y lo abrazarán otra vez. Y vivirán en perfecto amor con él para siempre con nuestro Dios.

Hasta aquel gran día, la gracia de nuestro Señor es suficiente para ti. Su poder se perfecciona en la debilidad. Para Nathan. Para ti. Para todos los que creen en Jesús como el camino, la verdad y la vida.

En el Nombre de Jesús. **Amén**.

SERMÓN 5.
"Conoce a Virginia, Conoce a Jesús"

(1 Tesalonicenses 4:13–18)

Querida Familia de Virginia, queridos amigos, queridos hermanos y hermanas en Cristo:

Gracia, misericordia y paz a vosotros de parte de Dios nuestro Padre y nuestro Señor Jesucristo. **Amén**.

A FINALES DE LOS NOVENTA había una canción llamada "Conoce a Virginia". Y lo quisiera o no, esta canción se me quedaba metida en la cabeza cuando visitaba a Virginia Bahr. Ella es la primera Virginia que conocí, así que la frase de la canción "No puedo esperar a conocer a Virginia" resonaba constantemente en mis oídos cuando iba a verla. Y era cierto. Tenía muchas ganas de *encontrarme con Virginia* a lo largo de los años. Primero en la iglesia, después en su casa, luego en sus diversas habitaciones en el hogar luterano.

Y, por supuesto, ustedes, su familia, estaban ansiosos de *encontrarse con Virginia* para una variedad de reuniones también. Porque ella fue un miembro fiel de la familia, una devota madre y abuela que se aseguró de estar presente para todo tipo de eventos especiales a lo largo de las décadas. Claramente los amaba a todos. La pared con fotos de sus nietos que llevaba años exhibiendo en un lugar destacado de su habitación lo demostraba claramente. Solía mirar las fotos y hablar sobre ustedes, sobre cómo oraba por ustedes y por su fe cristiana, sobre cuándo fue la última vez que los había visto o cuándo los volvería a ver. Así que estaba claro que a Virginia le encantaba reunirse con sus hijos, nietos, bisnietos y otros familiares, y que, sin duda, ustedes amaban encontrarse con Virginia también.

Para nosotros en Trinity, conocerla también fue una alegría. Los niños *se reunían con Virginia* en la escuela dominical y entre semana, donde generosamente enseñó durante años. Sus compañeros de canto *se reunían con Virginia* para practicar en el coro mientras daban gloria a Dios a través de sus voces. Muchas de las mujeres de la congregación se reunían con Virginia para los estudios bíblicos y las reuniones de la Liga Misional de Mujeres Luteranas. Y los fieles, por supuesto, se encontraban con Virginia en la iglesia mientras escuchaba regularmente la Palabra de Dios como niña, luego con Elwyn, después con toda su familia, más tarde sola, y en los últimos años en los cultos del hogar luterano y en las visitas a los enfermos.

Esta última parte, *encontrarnos con Virginia* mientras nos reuníamos en torno a la Palabra de nuestro Señor, fue la parte más importante de su vida. Es la parte más importante de la vida de todo cristiano. Porque así es como vino Virginia y todos los fieles llegaron a conocer a Jesús, nuestro buen pastor. Y esto fue tan importante porque si Virginia *no hubiera conocido a Jesús* y no lo hubiera tenido como su buen pastor, habría seguido siendo una oveja descarriada. Y lo mismo es cierto para todos nosotros. "Todos nosotros nos descarriamos como ovejas", nos recuerda Isaías, "cada cual se apartó por su camino" (Isaías 53:6). Eso es lo que significa el pecado. El pecado no es sólo hacer algunas cosas mal aquí y allá. No, el pecado es volverse y alejarse de Dios. El pecado es elegir tu camino en lugar del Suyo. Lo que es peor, a menos que *conozcamos a Jesús*, nuestro buen pastor, permanecemos como corderos descarriados, pecadores camino a la muerte. El diablo nos devoraría como lo hace un lobo con una oveja indefensa en un prado desprotegido, y nosotros pereceríamos eternamente junto con él. Sí, y eso también le habría sucedido a Virginia *si no hubiera venido a encontrarse con Jesús.*

Entonces, es indiscutible que la parte más importante de la vida de Virginia fue que se reunió en torno a la Palabra del Señor para *encontrarse con Jesús*, nuestro buen pastor. Jesús nos dice específicamente lo que significa para ella y para todas las ovejas de su rebaño encontrarse con Él. Otra vez, Él dice:

> Mis ovejas oyen mi voz, y yo las conozco, y me siguen, *y yo les doy vida eterna*; y no perecerán jamás, ni nadie las arrebatará de mi mano. Mi Padre que me las dio, es mayor que todos, y nadie las puede arrebatar de la mano de mi Padre.

Jesús es el buen pastor, que acoge a las ovejas descarriadas y las llama para que sean suyas. Él las llama con Su voz, es decir, con Su Palabra, diciendo, "Permanezcan cerca de mí y yo los protegeré del pecado, la muerte y el diablo. Yo les daré vida eterna, y nunca tendrán que preocuparse, porque Yo y mi Padre celestial, quien es más poderoso que todos, las tenemos en nuestras manos". Y las ovejas de Jesús, el buen pastor, escuchan esta gloriosa Palabra de Él y la creen. Virginia escuchó esta Palabra y la creyó; escuchó esta voz de su buen pastor durante toda su vida y confió que allí *encontraría a Jesús* y estaría a salvo de cualquier daño.

Sí, Virginia confiaba en que Jesús la conocía. Que Él la conoció porque Él tomó todos sus pecados sobre sí mismo y murió por ellos. Él dejó que aquel lobo, el diablo, lo devorara a Él en la cruz. Pero Él murió para vencer al diablo. Él resucitó triunfante, vencedor sobre el pecado, la muerte y el diablo por Virginia, por ti, y por el mundo entero. Así es como funciona: el poder del diablo es llevar al mundo al pecado, hacernos vagar como ovejas tras él hacia la muerte y el infierno. Pero Jesús derrotó a ese poder. Ahora, Él perdona nuestros pecados en virtud de Su muerte en nuestro lugar. Ahora, Él nos da la vida eterna como un regalo que el diablo no puede robarle a Él y a los que se aferran a Él. Ahora, el cielo es el futuro de todos los que le siguen, es decir, de los que escuchan su voz y confían en Él hasta el final.

Todo esto es una verdad indudable para Virginia. Ella es una oveja del buen pastor. Ella escuchó Su voz y confió en Él desde el principio de su vida hasta el final, por lo que ahora su alma vive en el cielo. Lo sé porque tuve el privilegio de predicarle la Palabra de Jesús incluso hasta el último día de su vida terrenal. Virginia confesó su pecado, recibió el perdón, declaró que Jesús es su buen pastor que dio su vida por ella y la tomó de nuevo. Se consoló sabiendo que el Señor es su Pastor, que la condujo a las tranquilas aguas del Santo Bautismo y la convirtió en su oveja. Se alegró de que Él le preparara una mesa donde recibió Su cuerpo y sangre para nutrir su cuerpo y alma hasta llegar a los verdes pastos del Paraíso. Virginia venía al encuentro de Jesús, confiando en Su Palabra, y por esta razón su alma llegó a *encontrarse con Jesús* cara a cara cuando ella murió.

Y si quieren volver a *encontrarse con Virginia*, encuéntrnse ustedes mismos con Jesús. Su voz resuena no sólo hoy. Su voz continúa resonando desde púlpitos como este, semana tras semana. Su voz aún llama a las ovejas descarriadas para unirse o volver a unirse al redil. Para que dejes de alejarte de Dios según tus propios estándares y te dirijas hacia el buen pastor que nos enseña el mejor camino. Para seguirlo a Él. Porque su voz está diciéndote "Yo también soy tu buen pastor. También entregué Mi vida por ti. Todo tu pecado, sea cual sea, lo tomé sobre Mí y lo pagué para que seas perdonado completamente y gratuitamente en Mí. Derroté al diablo por ti. A tí te doy vida eterna. Confía en que esto es también para tí", la voz de Jesús aún resuena. "Síganme, aferrándose a la promesa de su Bautismo, que dice que ustedes son ovejas de lana blanca del buen pastor, justas y santas a los ojos de Dios por la fe en su buen pastor. Únanse a mi rebaño alimentándose con regularidad de Mis Palabras en el pastizal de Mi iglesia", es la invitación que Jesús les hace hoy a todos ustedes.

Y todos los que escuchan esta voz de Jesús con fe tienen el regalo de la vida eterna y volverán a *encontrarse con Virginia*. En el cielo, si, donde su alma se regocija ahora con Elwyn y todos los santos y los ángeles. Pero también en el último día, cuando este cuerpo aquí que se ha quedado dormido despertará. Ella ha muerto en Cristo, lo que significa que cuando Él regrese, el cuerpo de Virginia resucitará a la inmortalidad con todos los fieles de cada generación. Y todos los que confían en el buen pastor que aún estén vivos serán transformados también en un instante para tener cuerpos inmortales. Y entonces, San Pablo nos enseña: "los que vivimos, los que hayamos quedado, seremos arrebatados juntamente con ellos en las nubes para recibir al Señor en el aire, y así estaremos siempre con el Señor". ¡Qué futuro tan glorioso tiene el rebaño del buen pastor! Volveremos a encontrarnos con Virginia con la misma seguridad con que nos *encontraremos con Jesús*. "Por tanto, anímense unos a otros con estas palabras".

En el nombre de Jesús. **Amén**.

SERMÓN 6.
"El Día Más Significativo de la Vida de George"

(Romanos 6:3-5)

Querida familia de George, especialmente tu, Paulina,
queridos amigos: queridos hermanos y hermanas en Cristo:

Gracia, misericordia y paz para ustedes de parte de
Dios nuestro Padre y nuestro Señor Jesucristo. **Amén**.

GEORGE ME CONTÓ la semana pasada que el día más
significativo de su vida fue el 7 de diciembre de 1941. Todos sabemos que ese día fue el ataque a Pearl Harbor, que poste-
riormente involucró a los Estados Unidos en la Segunda Guerra
Mundial. Pero ese día fue significativo para George de otra manera.
Debido a que el mismo día en que los enemigos de nuestro país
diezmaron la flota del Pacífico de los Estados Unidos en las aguas
de Pearl Harbor, nuestro Dios todopoderoso destruyó el poder de
los enemigos de George –el pecado, la muerte y el diablo– en las
aguas del Santo Bautismo.

Y eso tenía que sucederle a George. Gracias a que eso sucediera
es que conocemos a George como un hombre cristiano. Como un
esposo amoroso durante más de 53 años. Un padre y abuelo fiel. Un
hombre que hizo tanto en sus diversos roles para esta congregación
a lo largo de toda su vida como miembro aquí, sin mencionar todo

el apoyo que brindó a las misiones en todo el mundo también. Sí, lo conocemos como George, el agricultor cristiano que amaba a su familia, la tierra y los campos y al Dios que los hizo crecer y dar frutos durante décadas, en días buenos y malos. Pero la razón por la que George mostró este amor y dedicación, por los que lo conocemos, es que primero conoció el amor de Dios en Cristo Jesús. George supo que Dios derramó este amor sobre él en su Bautismo en la muerte y resurrección de Cristo. Sí, George supo que Él necesitaba que este Bautismo sucediera. Y atesoró el día en que lo hizo.

¿Por qué? Porque George creía que era un pecador que no podía hacer nada al respecto. George sabía que la paga del pecado es la muerte y tampoco podía cambiar eso, lo cual confirma nuestra presencia hoy aquí. George sabía que, a menos que tuviera un Salvador, a menos que Dios hiciera algo con respecto a su grave y seria situación, solo había castigo en su futuro cuando finalmente llegara al otro lado y se encontrara con Dios cara a cara. Y George sabía que eso también era cierto para todos, incluidos ustedes y yo.

Por lo tanto, George apreciaba su Bautismo. Sí, mientras el país recordaba al enemigo que nos atacó, cada 7 de diciembre, George podía recordar cada año que Dios atacó a sus enemigos y los venció por él. Porque eso es lo que Dios hace en el Santo Bautismo. Y lo hace uniéndonos a través del Bautismo a la muerte de Cristo. La muerte que Cristo consumó una vez por todos, para llevar nuestra culpa y sufrir nuestro castigo por nuestro pecado. La muerte por la cual Cristo expió todos nuestros pecados cuando ofreció su vida justa a cambio de nuestras vidas pecaminosas. La muerte que ocupó el lugar de nuestra muerte y despojó al diablo de su poder para condenarnos. Si, en el Santo Bautismo Dios nos dice, y le dijo a George, "Yo cubro tu pecado con la justicia de Cristo. Lavo tus pecados con Su sangre. Yo te uno a Su muerte y personalmente te aplico todo lo que Su muerte completó: el perdón de los pecados, la victoria sobre el diablo y la derrota de la muerte misma".

Por lo tanto, George atesoraba su Bautismo. Y lo apreciaba, además, porque Dios también nos une a la resurrección de Cristo. Pearl Harbor despertó al país ante nuestros enemigos. Y el Bautismo nos despierta ante nuestros enemigos espirituales. El pecado y Satanás tratan de gobernarnos toda nuestra vida y llevarnos con ellos a la muerte y al infierno. Pero George atesoró su Bautismo durante toda su vida porque sabía que en él tenía nueva vida en Cristo. Todos los días George resucitaba a esa nueva vida, tomando fuerzas de la resurrección de Cristo, por la cual tenía victoria sobre sus enemigos. Cada semana, George resucitaba a esa nueva vida, mientras asistía a Trinity a lo largo de sus décadas para confesar sus pecados, recibir el perdón y fortalecer su fe a través de las promesas de su Salvador. Y esta nueva vida produjo en George ese amor que ustedes conocen tan bien. Ese amor que disfrutaron fue el fruto de su fe en el amor de Dios por él en Su Hijo, nuestro salvador, Jesucristo. Y el amor de Dios en Cristo también produjo esperanza en George. La certeza de que, así como Cristo resucitó de entre los muertos, también lo haría George, que confiaba en Él. George apreciaba su Bautismo porque lo unió a la resurrección de Cristo, prometiéndole vida eterna en cuerpo y alma.

Sabemos que tiene esa vida eterna ahora en su alma. Lo sé con toda certeza también. Pocas veces he sido tan privilegiado de ver a un hombre confesar tan claramente su fe cristiana hasta el final. Pero tuve el privilegio de verlo en George. Cuando finalmente no pudo venir aquí a la iglesia a la que llamó hogar toda su vida, me pidió que fuera a la casa que él llamaba hogar durante los últimos treinta años con Pauline. Allí, donde se compartían muchas comidas familiares, él compartió el anticipo de la fiesta venidera en la Cena del Señor. Cuando ningún procedimiento o medicina podía curarlo, él buscó la medicina sanadora de la inmortalidad en el Cuerpo y la Sangre de su sahlvador, confiando en que cuando sus días en la tierra cesaran, partiría en paz a su Señor. Y así fue.

Y la semana pasada, cuando fui a su casa para encomendar su alma a las manos de nuestro Padre celestial, yo y la familia reunida escuchamos a George dar un "¡Amén!" tan sincero como su débil voz le permitía a todas las promesas de Dios en Cristo. Y mientras cantaba "Quédate conmigo", que volveremos a cantar hoy, y "Dios amó al mundo, y así Él se entregó", George no podía evitar cantar

conmigo. Aunque sus ojos estaban cerrados y su cuerpo débil, su fe
era fuerte y su corazón estaba abierto a todas las promesas que su
Salvador le dio cuando fue bautizado. Y George lo creyó todo y se
salvó. Y los que estábamos presentes tuvimos el privilegio de pre-
senciarlo justo antes de que los ángeles finalmente llevaran el alma
de George al paraíso, donde vive ahora, cantando con fuerza junto
a las huestes angelicales en el cielo.

Y su cuerpo, aquí presente, lo ponemos a descansar hoy. En la esperanza segura y cierta de que Jesús lo resucitará de entre los muertos. Que reunirá el alma de George con este cuerpo y lo glorificará
el día que Él regrese. Así que, aunque George ha muerto, él vivirá
tal como Jesús lo prometió. Unido por el Bautismo a la muerte y resurrección de Jesús, creyendo en su Salvador, que es la resurrección y
la vida, esta muerte de George conducirá también a su resurrección.
Para que todos los que sigan en la fe como George lo abracen de
nuevo en la vida que nunca termina.

Con ese fin, celebra también el día más importante de tu vida.
No, tal vez no puedas decir que algo escrito en los libros de historia
sucedió el día en que tu fuiste bautizado, como lo hizo George. Pero
sí puedes decir que algo fue escrito en el libro de la vida ese día. Tu
nombre. Es por lo que el día del Bautismo de George fue realmente
tan significativo. No solo porque era un día para recordar para nuestro país. Sino porque fue un día para recordar por la eternidad. lo
mismo ocurre también con los que creímos y estamos bautizados.
"Cuando nada más da vida a tu alma, / Tu Bautismo permanece y
te hace completo / y luego, en la muerte, te completa", como dice
el himno. Es decir, las promesas del Bautismo permanecen para que
tú vuelvas a ellas en fe, diaramente, semanalmente, hasta el día de tu
muerte. Sí, la muerte y resurrección de Cristo también son para ti.
Su victoria sobre el pecado, la muerte y el diablo es tuya. Así como
George apreció esto, aprecia que estás unido a tu Salvador, quien derrotó a todos tus enemigos para ti. Atesora las preciosas promesas
de tu Salvador muriendo al pecado y resucitando a una nueva vida
como lo hizo George, fortaleciendo tu fe al escuchar esta verdad del
evangelio regularmente en la iglesia hasta el día en que entres en la

gloria como George y finalmente alcances la resurrección de toda carne.

Entonces verás, al igual que George, que tan significativo fue el 7 de diciembre de 1941 realmente. Y cuán significativo fue también el día en que fuiste bautizado. Porque, como George y Job, sabes que tu Redentor vive, y al final Él se levantará sobre la tierra. Y después de que tu piel haya sido destruida, aún en tu carne verás a Dios, contemplándolo con tus propios ojos. Sí, ese día, cuando todo tu duelo cese y tus lágrimas sean enjugadas, verás claramente que el 7 de diciembre de 1941 fue un día de victoria para el querido hijo de Dios, George. Y que el día de tu Bautismo también lo fue.

En el nombre de Jesús. **Amén**.

SERMÓN 7.
"Devorada es la Muerte para Arlene"

(1 Corintios 15:51-57)

¡Aleluya! ¡Cristo ha resucitado!
¡Ha resucitado, en verdad! ¡Aleluya!

Querida familia de Arlene, queridos amigos, queridos hermanas y hermanos en Cristo:

DEVORADA SERÁ LA MUERTE POR LA VICTORIA. ¡Qué misterio nos presenta San Pablo! Escuchamos de gente que devora comida. A mi hijo, por ejemplo, le encantaba devorar el pan de calabacín que solía hacer Arlene, y siempre se emocionaba cuando ella le enviaba una rebanada a casa después de mi visita. Y muchos de nosotros pudimos devorar los productos de la huerta que ella cuidó con tanta alegría y dedicación durante tantos años. O los peces atrapados en Nestor Falls en Canadá. Y también oirás hablar de personas devorando alguna bebida. Arlene, por ejemplo, cuando le preguntaban el secreto de su larga vida, dijo que bebía una cerveza al día y reía mucho. Entonces, para la comida y la bebida entendemos lo que es devorar. ¿Pero la muerte? ¿"devorada será la muerte por la victoria"? ¡Qué misterio para que meditemos en él hoy!

Ahora bien, para entender este misterio y cómo se aplica a Arlene, debemos considerar un par de cosas. La primera es que la muerte ocurre a causa del pecado. "El aguijón de la muerte es el pecado", acabamos de escuchar. Y en otro lugar leemos: "La paga del pecado es la muerte". La Escritura es clara como el día acerca de esta oscura verdad. Desde que el diablo guió a Adán y Eva hacia el pecado, ellos murieron. Y así, cada ser humano ha heredado este pecado original y ha muerto a causa de él. Si no fuera por el pecado no habría muerte. Entonces, la razón por la que moriremos es por nuestro pecado. La razón por la que Arlene murió es debido a su pecado.

La segunda cosa que debemos considerar es que "el poder del pecado es la ley", como acabamos de escuchar. Y en otro lugar leemos que "a través de la ley viene el conocimiento del pecado". Por lo tanto, una persona puede negar el pecado todo lo que quiera, pero nosotros sabemos de nuestro pecado porque Dios nos da este conocimiento a través de Su ley. Su ley es amarlo a Él sobre todas las cosas y amar a nuestro prójimo más que a nosotros mismo. Y Su ley tiene el poder de exponer nuestros corazones y nuestras vidas como aquellos que no aman a Dios como deberían, que no aman a su prójimo perfectamente como la ley de Dios exige.

Así, para comprender el misterio de la muerte siendo devorada por la victoria y cómo se aplica esto a Arlene, primero debemos conocer estas verdades. Arlene las conocía bien. "El aguijón de la muerte es el pecado, y el poder del pecado es la ley... Pero gracias a Dios, que nos da la victoria por medio de nuestro Señor Jesucristo". *¡Arlene estaba aún más segura de esto!* Ella sabía que Dios nos da la victoria porque Su Hijo, Jesucristo, tomó todos nuestros pecados sobre Sí mismo. Dios nos da la victoria porque Su Hijo, Jesucristo, se hizo hombre y cumplió la ley de Dios por nosotros y murió por nosotros, devorando la ira de Dios contra nuestro pecado hasta el fondo del amargo pozo. Dios nos da la victoria porque Su Hijo, Jesucristo, resucitó Él mismo a la vida y devoró la muerte para sí mismo.

Y ahora, Jesús da esa victoria —la vida eterna— a todos los que escuchan Su voz. Arlene escuchó Su voz, la voz de su buen pastor. Él la guió a alimentarse no sólo de los frutos que sembraba en abundancia en su huerta ¡y hasta bien entrados los noventa! Más que eso, la guió para que devorara la victoria que Él obtuvo para ella: creer en la buena nueva de Jesucristo como su salvador del pecado, de la muerte y del infierno. Por la fe Arlene bebió esta verdad regularmente a lo largo de su vida. Cada vez que yo la veía en su casa ella confesaba su pecado y escuchaba la voz de su buen pastor: que había dado su vida por ella y la perdonó. Que la bautizó a ella en su muerte y resurrección y le dio una nueva vida. Escuchaba atentamente los sermones que predicaban esta verdad y la devoraba. Y también devoraba la Cena del Señor, el cuerpo y la sangre de Cristo dado y derramado por ella, y confiaba en que Él había ganado la victoria para ella. Este Jesús devoró su muerte por ella, para siempre.

Sí, es un misterio que Arlene creyó: que a través de Jesús "Devorada será la muerte por la victoria" [RVC]. Esto significa que Arlene no está muerta sino durmiendo, tal como dice San Pablo. Sí, su alma se regocija en el cielo con Jesús y Virgil, y todos los santos. Pero su cuerpo aquí está durmiendo. Y cuando Jesús vuelva, "en un momento, en un abrir y cerrar de ojos, a la última trompeta... los muertos serán resucitados incorruptibles", como dice la Escritura. Los cuerpos de todos los que escucharon a la voz del buen pastor serán transformados para ser como Su cuerpo glorioso. Y cuando esto suceda, cuando el cuerpo corruptible se vista de incorrupción, y este cuerpo mortal se vista de inmortalidad, "entonces se cumplirá la palabra que está escrita: 'Devorada será la muerte por la victoria'" [RVC]. Entonces nosotros veremos a Arlene viva de nuevo, junto con todos los que creyeron en nuestro Señor Jesús.

Sí, "Devorada será la muerte por la victoria [RVC]". ¡Qué misterio nos presenta San Pablo! ¡Y qué consuelo para todos los que creen en nuestro Señor Jesucristo! Especialmente para su familia, a la que quería tanto y de la que tanto hablaba con gran alegría. Crean esto: "Devorada será la muerte por la victoria" para Arlene. Oirás de gente que devora pan de calabacín y cerveza. Y sonreirás. Pero devorar esta verdad da algo más que una satisfacción momentánea. Quita el aguijón de la muerte y da la victoria eterna. Victoria que pertenece a Arlene. Victoria que pertenece a todos los que escuchan la voz de Jesús, el buen pastor, y creen en Su nombre.

¡Aleluya! ¡Cristo ha resucitado!
¡Ha resucitado, en verdad! ¡Aleluya!

SERMÓN 8.
"No Más Mudanzas"

(Juan 14:1-6)

Querida familia de Pat, queridos amigos, queridos hermanas y hermanos en Cristo:

Gracia, misericordia, y paz para ustedes de Dios nuestro Padre y nuestro Señor Jesucristo. **Amén**.

NO MAS MUDANZAS. Mudarse parecía ser un tema en la vida de Pat, ¿verdad? De Ossian, Iowa, a Postville, luego a Norfolk, Virginia; después de vuelta a Iowa en Maquoketa, luego Preston, después Whittemore, luego LaPorte City, más tarde Wilton y luego Vinton. Y supongo pudo descansar por un poco de tiempo aquí... Pero después llegó el tornado de 2016, que obligó a Pat a mudarse de su departamento a la casa de Kevin y Betty por un breve período, luego a Dysart, a Ridgeway Place, a Bridges, a Western Home y, allí dentro, a una nueva habitación más de una vez. Probablemente me estoy olvidando de alguna mudanza en medio de su larga vida. Pero ahora, finalmente, no hay más mudanzas. Pat está en casa. Su alma está en el cielo.

¿Pero por qué está Pat en casa? ¿Preparó ella misma el hogar en el cielo? ¿O lo recibió gracias a la preparación de alguien más? Escuchen de nuevo a las palabras de Jesús:

"No se turbe vuestro corazón; creéis en Dios, creed también en mí. En la casa de mi Padre muchas moradas hay; si así no fuera, yo os lo hubiera dicho; voy, pues, a preparar lugar para vosotros. Y si me fuere y os preparare lugar, vendré otra vez, y os tomaré a mí mismo, para que donde yo estoy, vosotros también estéis".

Jesús preparó un lugar para Pat en la casa de su Padre. Jesús es la razón por la que Pat está en casa en el cielo y por la que cualquier otra persona va allí también. Sí, Jesús preparó este lugar para Pat en la casa de Su Padre con clavos y madera, sangre, sudor, y lágrimas… pero no de la manera que solemos pensar. Los clavos que Jesús usó fueron los clavos que lo traspasaron. La madera que Jesús usó fue la cruz en la cual Él murió. La sangre, sudor, y lagrimas fluyeron de Jesús por el sufrimiento que Él padeció. Para Pat. Para ti. Para el mundo entero.

Verán, Jesús murió por nuestros pecados. Todos ellos. Y fuera de la muerte de Jesús, no hay lugar preparado para nadie más que para Él en la casa del Padre. Porque Jesús es el Hijo de Dios desde la eternidad. Él siempre ha morado con Su Padre. La casa ya está construida desde antes de la fundación del mundo. Pero ninguno de nosotros podría entrar a menos que nuestro pecado sea quitado. Dios no permitirá que el pecado contamine su casa perfecta. Pero debido a que Él es amor, aún nos quiere ahí. Él quiere a Pat ahí. Así que, en el cumplimiento del tiempo, Dios envió a Su único Hijo a preparar un lugar para Pat y para todos nosotros en la casa de Su Padre. Él, el Hijo perfecto Hijo de Dios, tomó nuestra carne y sangre de la virgen María. Vivió una vida perfecta en nuestro lugar. Y Él le dio esa vida a Dios a cambio de nuestras vidas pecaminosas. En la cruz, Él pagó el precio por cada uno de nuestros pecados al sufrir la muerte que merecemos. En la cruz, Dios lo consideró pecador, para poder acreditarnos la vida perfecta y justa de Jesús. Si, en la cruz, Jesús, el Hijo de Dios, preparó un lugar en la casa de su Padre para Pat, para ti, para mí, para todos los pecadores que viven, han vivido o vivirán.

Y tú te beneficias de esto, desde que recibes esta verdad en fe. Y esta fe en Él es un regalo también. Jesús dijo que, después de preparar un lugar para ti, vendrá otra vez y te llevará con Él, para que donde Él esté tú también estés. Jesús ha resucitado de entre los muertos y ha enviado al Espíritu Santo a este mundo, que obra por medio de esta Palabra que están escuchando ahora para crear fe en Jesús. Y cuando tienes fe en Jesús, aferrándote a Su preciosa Palabra, Él está contigo. Y Él está guiándote al camino a casa de su Padre. Él es el camino. Él es la verdad que te da el conocimiento de la salvación. Él es la vida que te concede la vida eterna como un don gratuito, comprado con Su sangre. Todos los que reciben esta verdad en fe, todos los que se aferran a Jesús y a Su Palabra llena del Espíritu por la fe, son hijos de Dios. Y Jesús los está guiando a través de la vida y de la muerte para estar con Él en la casa de su Padre para siempre.

Yo sé que es así para Pat. Yo sé que Pat creyó en Jesús a lo largo de su vida. A lo largo de cada mudanza. Lo sé esto porque en los últimos diez años he proclamado este evangelio de Jesucristo a Pat aquí en esta iglesia, luego en su departamento aquí en Vinton, después, tras el tornado, brevemente en casa de Kevin y Betty, en Ridgeway Place, en Bridges, en Western Home... ¡y en todas las habitaciones que ocupó allí también! Rodeada de más cardenales rojos de los que uno podría contar, Pat confesaba su pecado y se aferraba por fe al perdón que Jesús ganó para ella. Pat confesaba su fe en su Padre celestial, quien la creó; Su Hijo, que le preparó un lugar en la casa de su Padre mediante su muerte en la cruz; y el Espíritu Santo, que la introdujo en la comunión de los santos y la hizo hija de Dios mediante su Bautismo en Cristo. Y Pat también recibía el Cuerpo y la Sangre de Cristo para su perdón, después de lo cual yo podía ver cómo su ansiedad se disipaba por un momento, en el que su corazón no estaba turbado ni temeroso. Sí, y Pat cantaba conmigo de Jesús, me hablaba de Jesús, confesaba a Jesús como su salvador. Por eso, yo sé que no hay más mudanzas para Pat. Jesús la ha guiado de regreso a su patria celestial.

Y si quieres un lugar en la casa del Padre, como Pat, confía tú también en Jesús. Sé parte de una iglesia que proclame a Jesús puramente, ya que Él está contigo en Su Palabra y Sacramentos llenos del Espíritu, y por medio de estos preciosos medios de gracia te sostiene en la fe. Y si necesitas ayuda para encontrar una iglesia aquí cerca, conozco una aquí en Vinton, la calle East 13. Porque necesitas esta Palabra de Jesús para mantenerte en la fe si quieres ver a

Pat otra vez. El pecado es real. Es por eso que morimos. Pero no necesitas morir en pecado. Puedes morir con Cristo, quien quitó tu pecado. Puedes resucitar con Él a una vida nueva. Puedes recibir el perdón gratuito que Él compró para ti. Puedes ser bautizado en Él y aferrarte a la promesa de que eres hijo de Dios mediante la fe en Él y un heredero según la esperanza de la vida eterna. Lo que es para Pat también lo es para ti. Es un regalo. Es el deseo de Dios para todos ustedes. "El que no escatimó ni a su propio Hijo, sino que lo entregó por todos nosotros, ¿cómo no nos dará también con él todas las cosas?" Él es tan bondadoso. Tan cariñoso. Así que no se turbe tu corazón tampoco. Cree en Dios; cree también en Jesús que preparó un lugar para ti también en la casa de Su Padre…

Ahí es donde está Pat. Pat está en casa. Al menos su alma lo está. Su cuerpo aquí mismo espera la resurrección. Y no queremos pasarlo por alto. Porque es una verdad y una promesa tan maravillosa y reconfortante. Un día Jesús regresará en Su cuerpo para resucitar a todos los cuerpos. Y aquellos cuyas almas están con Él en el cielo, incluida Pat, y aquellos que confían en Él aquí en la tierra, resucitarán con cuerpos inmortales como el de nuestro Señor. En ese día nuestro Señor devorará la muerte para siempre y enjugará las lágrimas de todos los rostros que se regocijan en su aparición. Incluyendo al de Pat. Ahora mismo sólo podemos imaginar cuánta alegría tiene el alma de Pat en el cielo. Pero en ese día de la resurrección, no necesitaremos imaginar la cara de Pat. Quienes continuamos en la fe, como ella lo hizo, lo veremos. Su boca estará llena de dientes blancos como perlas. Su cabello como cuando ella era una adolescente. Su rostro libre de ansiedad. Sus manos tan firmes como las de un cirujano. Todo su cuerpo rejuvenecido. Sus ojos mirarán a su Salvador con gratitud por todo lo que Él ha hecho por nosotros. Y también oiremos su agradable voz unirse al canto de los ángeles y de los santos de todas las épocas, junto con la de su esposo Rick y las nuestras.

Así que, aunque extrañaremos a Pat en *esta vida*, nos regocijamos en medio de nuestras lágrimas en la vida eterna otorgada a ella y a nosotros por Jesús, quien es el camino, la verdad y la vida. Él la ha preparado para que Pat no tenga más mudanzas. Sólo gozo mientras habita en la casa del Señor para siempre.

En el nombre de Jesús. **Amen.**

www.ingramcontent.com/pod-product-compliance
Lightning Source LLC
Chambersburg PA
CBHW041630140626
46547CB00032B/2512